Les matrices

Technologie pâtissière volume 3

Berry Farah

Rédaction
Direction artistique et mise page
Photograhie

Berry Farah

ISBN : 978-2-9818491-8-2

LA MATRICE

En pâtisserie, il y a 4 groupes d'éléments, les sucres, la matière grasse, les matières sèches qui ne sont ni des sucres, ni de la matière grasse et finalement l'eau. La manière dont les différents groupes vont s'imbriquer va déterminer la structure et définir la texture du produit et influencer les saveurs.

Pour faciliter la compréhension, chaque groupe a été défini par une couleur. Ces couleurs vont nous servir de repères tout au long de l'ouvrage.

☐ Sucres   ☐ Matière grasse   ☐ Autres matière sèche   ☐ Eau

☐ Les sucres :

j'entends par les sucres, le saccharose, mais aussi le sirop de glucose, le dextrose pour ne citer que les plus connus. Il ne faut pas oublier que certains de ces sucres contiennent de l'eau. Exemple : le sirop de glucose, c'est du sucre et de l'eau.

☐ Les matières grasses :

j'entends par matière grasse, le beurre et plus généralement la matière grasse du lait, l'huile végétale et le beurre de cacao.

☐ Les autres matières sèches :

j'entends par ingrédients secs, les farines, le cacao sec, la poudre de lait, la poudre d'amande... Certains de ces ingrédients peuvent contenir de la matière grasse, voire de l'eau. Il faudra tenir compte de la présence de matière grasse lorsqu'on construira notre matrice. Quant à l'eau, sa présence est en trop faible quantité pour être considérée.

☐ L'eau :

j'entends par eau, tous les ingrédients contenant une quantité significative d'eau, que cela soit les œufs, le lait ou la crème.

Vous comprendrez, au cours des pages suivantes, comment se comporte la matière grasse, l'eau, le sucre, et les autres matières sèches présentes.

Chaque structure va être définie par un schéma accompagné de numéros qui indiqueront l'ordre dans lequel les groupes seront mélangés.

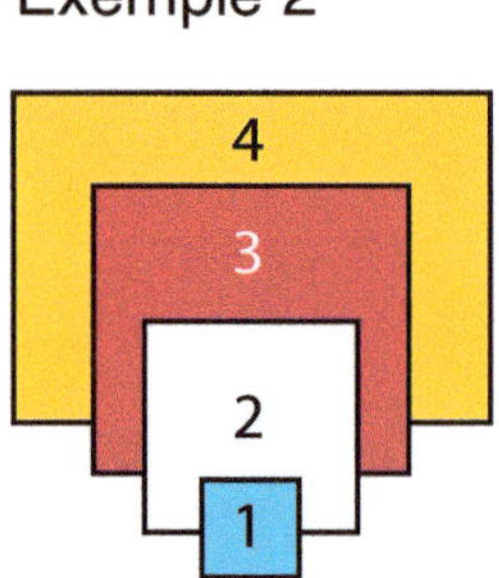

Exemple 1	**Exemple 2**
À la matière grassse (1) on ajoute les sucres (2). Ensuite les autres matières sèches(3) sont ajoutées. Enfin, on additionne l'eau (4).	A l'eau(1), on ajout les sucres (2). Ensuite les autres matières sèches (3) sont ajoutées. Enfin on additionne la matière grasse (4).

La particularité des matières sèches

Les matières sèches telles que la farine, la poudre d'amande, les fibres, etc. contiennent des particules qui sont solubles et insolubles dans l'eau.

Soluble, signifie qui se dissout dans un liquide. Dissoudre signifie se décomposer dans ce liquide. Les particules solubles ont absorbé l'eau.

Dans le cas des particules insolubles dans l'eau, les molécules d'eau vont se lier à la surface de ses éléments et favoriser la viscosité du mélange. Dans le cas d'un liquide lorsqu'on parle de viscosité, il s'agit d'une préparation plus ou moins épaisse. Dans le cas d'une pâte, on parle d'une préparation plus ou moins ferme, et ce, en fonction de la quantité d'eau présente. Les particules insolubles ont adsorbé l'eau ; **adsorber avec un d**, et non pas **d'absorber avec un b.**

Le sel et le sucre sont solubles dans l'eau

Le sel est du chlorure de sodium (NaCl), il est composé d'une molécule de sodium (Na+) et d'une molécule de chlorure (Cl —). Lorsque le sel se dissout dans l'eau, les molécules d'eau

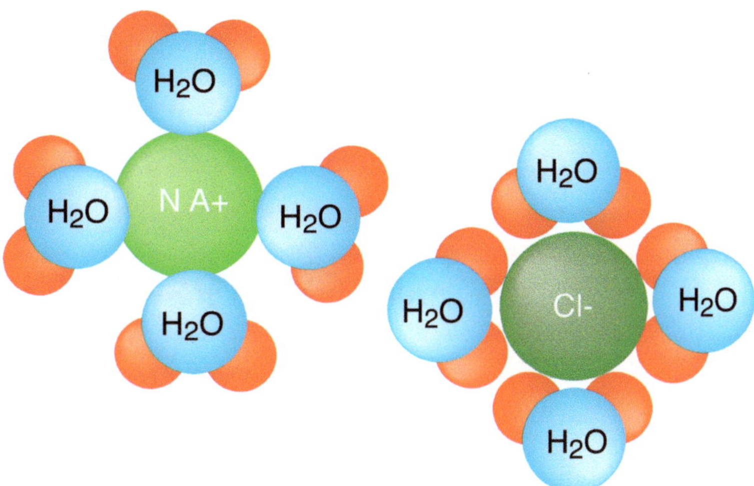

vont attirer les molécules de chlorure et de sodium. Ainsi, plus le sel se dissout, plus les molécules d'eau s'attachent aux molécules de sodium et de chlorure.

Le principe est le même pour le saccharose à la différence que les molécules de saccharose (fructose et glucose) ne se dissocient pas comme ceux du sel.

Que se passe-t-il si l'on ajoute du sel ou du sucre à l'eau ?

Dans une pâte :

En fonction de la quantité de sel ou de sucre, les molécules d'eau vont s'attacher aux molécules du sel ou de saccharose.Ils ne vont donc pas s'agripper aux éléments insolubles présents dans la matière sèche et de ce fait la viscosité va diminuer. C'est-à-dire qu'il y aura une plus grande fluidité. La préparation va perdre de sa consistance et se fluidifier en fonction de la quantité de sucre ou de sel présente. Dans ce cas, si l'on veut maintenir la même viscosité qu'au départ sans diminuer la quantité de sucre ou de sel, il faudra mettre moins d'eau.

Une seule exception existe. En présence du gluten, le sel renforce les liaisons du gluten. De ce fait, l'ajout de sel dans l'eau va engendrer une plus grande viscosité non pas du fait que les molécules de sel ne sont pas liées à l'eau, mais du fait que les molécules du sel vont renforcer les liaisons du gluten. Dans ce cas, il faudra ajouter de l'eau pour avoir la même viscosité que nous avions avant d'ajouter le sel.

On constate que la viscosité d'un mélange, contenant de l'eau et des ingrédients secs, composés de particules solubles et insolubles, va dépendre des éléments solubles présents. Plus il y a des éléments solubles, plus il y a aura de fluidité. Moins il y aura de particules solubles, plus la viscosité sera importante. On sait donc que le saccharose et le sel (à l'exception du cas de la farine) favorisent la fluidité du mélange, car les molécules d'eau sont moins disponibles pour s'agripper aux éléments insolubles.

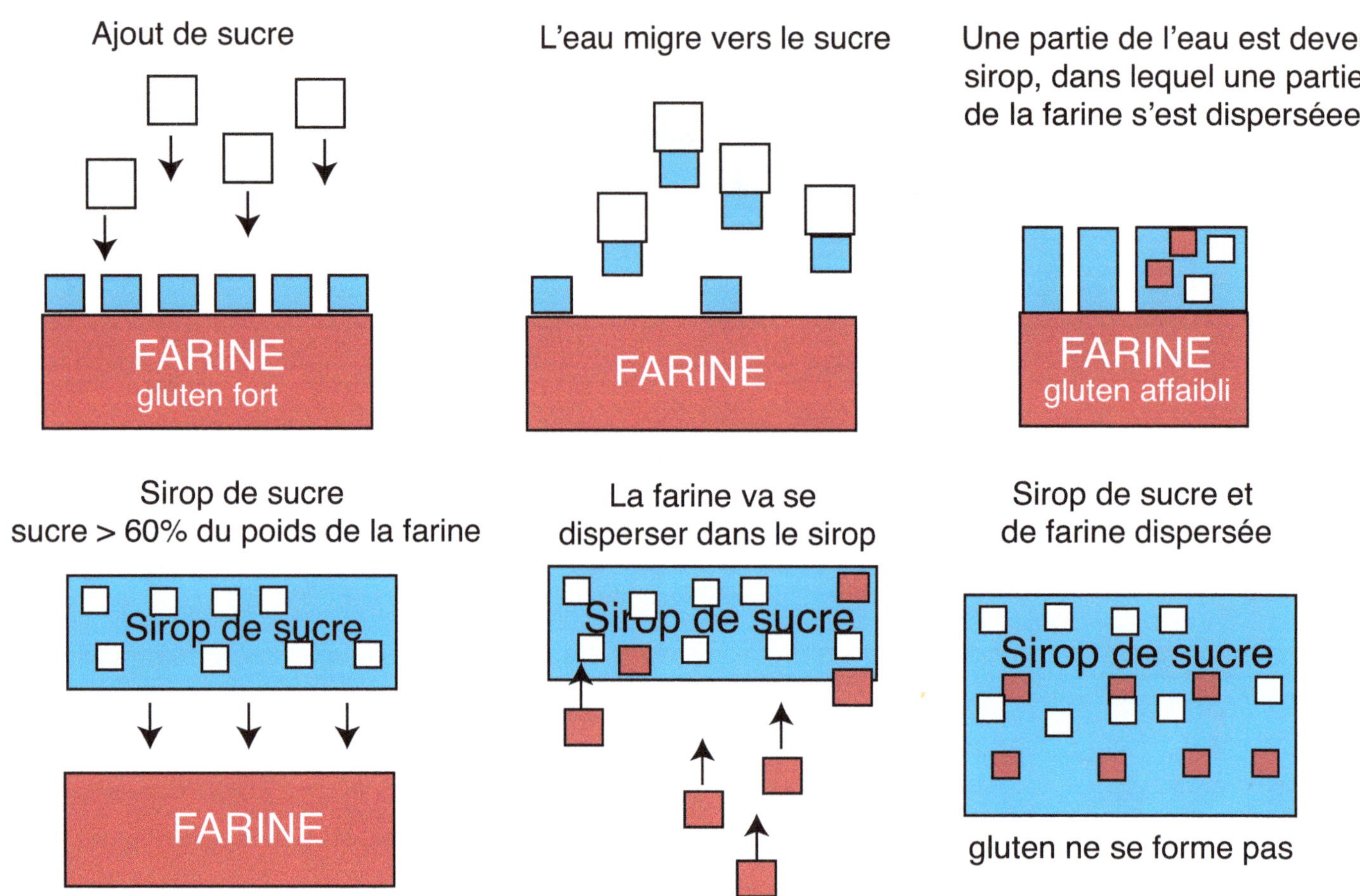

Ce phénomène du sucre, que j'ai illustré, est très important à comprendre. Il est la clef de la structure d'un certain nombre de produits de la pâtisserie.

Le sucre est hygroscopique (le glucose a bas DE ne l'est pas ou de façon bien moindre. Le DE, dextrose équivalent, représente le pourcentage d'amidon hydrolysé). Il va donc attirer et absorber l'eau. Lorsque les molécules d'eau se lient aux molécules de sucre, l'eau n'est

Mélange de farine et de 60% d'eau

Mélange de farine et de 60% d'eau + 60% de sucre

plus disponible pour s'accrocher à d'autres matières sèches. Ce qui a pour conséquence que la matière sèche va se disperser dans le sirop, qui est le résultat du mélange de sucre et d'eau.

Ex. : La farine et l'eau permettent aux protéines insolubles de la farine de former un réseau : le gluten. Ce qui permet la création d'une pâte. Si l'on ajoute du sucre à cette pâte, l'eau qui est accrochée à la farine va avoir tendance à migrer vers le sucre. Le gluten va se relâcher, car moins d'eau est disponible à sa formation. Ce phénomène peut prendre plus ou moins du temps. Si l'on ajoute l'eau sous forme de sirop, et ce, en fonction de la quantité de sucre ajoutée, la pâte va perdre de sa consistance. Le gluten va relâcher. Avec beaucoup de sucre, le gluten ne se formera pas. Nous n'obtiendrons pas une pâte, mais un sirop dans lequel se sont dispersées les particules de farine.

Cela n'est pas seulement vrai pour la farine, mais pour toutes les matières sèches.

Dans une crème :

Dans une crème, la quantité de matière sèche est faible comparée à la quantité de liquide. Dans ce cas les sucres, plus généralement les polysaccharides, vont favoriser la viscosité et ce en fonction de leur quantité. Les polysaccharides sont une large famille qui contient les types de sucres, les amidons, les gommes, les pectines, les fibres comme les celluloses, les gélifiants. Tous ces éléments ont une capacité plus ou moins importante de lier l'eau, Comme dans les pâtes, il existe une concurrence entre ces produits particulièrement entre les sucres et les gommes, mais aussi avec les matière sèche présente dans la crème. Cependant contrairement aux pâtes, la concurrence entre ces ingrédients est plus complexe est dépend de leur capacité de dissolution.

Prenons l'exemple de la pectine.

Généralement, en pâtisserie on mélange la pectine au sucre et l'on disperse le mélange dans les liquides avant de procéder la cuisson. Cepedant, pour faciliter sa dissolution, il est préférable de préparer la pectine avant de l'ajouter à la préparation pour lui permettre de s'hydrater convenablement. Ce qui est vrai pour la pectine l'est aussi pour un certain nombre de stabilisateur. (Pour 1g de pectine 5g de sucre et 15g d'eau, mélanger le sucre et la pectine, verser l'eau est porter jusqu'à 80°C voire 90°C jusqu'à que la pectine est bien dissoute.

Les matières grasses

La matière grasse, que l'on nomme scientifiquement des lipides, plus exactement des triacylglycérols, est composée d'une molécule de glycérol et de trois acides gras qui vont permettre de déterminer si nous sommes avec des lipides saturées ou insaturées

Les lipides vont favoriser la fluidité d'un mélange contenant des matières sèches. Ainsi, si l'on ajoute des lipides à de la farine ou à du cacao sec, on obtiendra une pâte ou une crème en fonction de la quantité de lipides ajoutés. Prenons le cas de la farine, jusqu'à environ 30 % à 40 % de lipide par rapport au poids de la farine, le mélange forme une boule. Dès que nous ajoutons plus de lipides, la pâte devient plus grasse. Lorsqu'on atteint 70 % de lipide du poids de la farine. La pâte ressemble à une crème grasse.

Toutes les matières grasses n'ont pas le même point de fusion, température à laquelle tous les lipides sont fondus. D'autant plus, que certaines matières grasses sont polymorphes. C'est-à-dire qu'elles sont constituées de différents groupes de lipides dont chaque groupe a des points de fusion différents comme dans le cas du beurre laitier et du beurre de cacao. Ainsi pour le beurre de cacao certaines matières grasses sont liquides et d'autres solides à 27 °C sachant qu'au-dessus de 34°C elles sont toutes fondues. Lorsque les lipides se solidifient à une certaine température, on parle de cristallisation. Lorsqu'une partie des

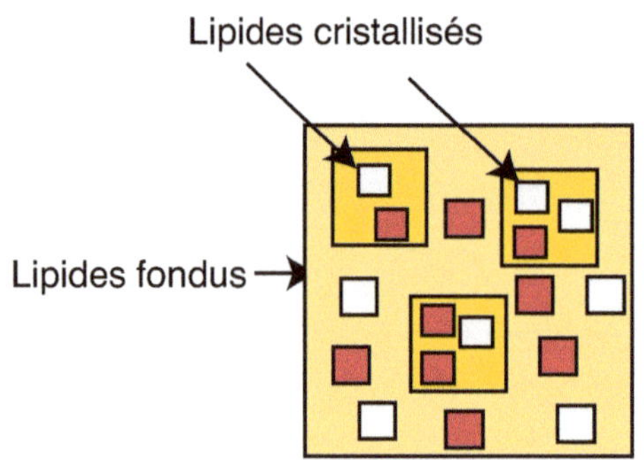

Farine mélangée à de l'huile d'olive.

A partir de 50% la préparation est plus grasse et elle a moins de tenu. Plus la quantité d'huile est importante plus la préparation se liquifie.

Ce phénomène ne se produira pas avec le beurre s'il est utilisé dans son état solide.

C'est la raison pour laquelle on ne peut pas utiliser l'huile et le beurre dans les mêmes proportions et que l'ajout d'huile doit entrainer un ajustement de la quantité d'eau

lipides est cristallisée et l'autre fondue, une partie des sucres et de la matière sèche se trouvent prisonnières des lipides cristallisés.

L'émulsion

Les lipides et l'eau sont non miscibles. C'est-à-dire qu'ils ne peuvent pas se mélanger. La matière grasse va remonter en surface lorsqu'elle sera mélangée à l'eau. Cependant, la présence d'un émulsifiant comme le jaune d'œuf permet à l'huile de se disperser en gouttelettes et rester en suspension dans l'eau. C'est ce que l'on appelle une émulsion.

Dans une émulsion dite, huile dans l'eau, où l'huile est dispersée dans l'eau, le ratio d'eau et d'huile est de l'ordre, respectivement, de 25/75 à ce stade nous avons une plus grande viscosité (consistance de crème, type mayonnaise). Cependant, en pâtisserie, le rapport eau/matière grasse peut-être inversée. C'est-à-dire d'avoir 20 % de matière grasse pour un maximum 45 % d'eau. Le produit est fluide. Néanmoins, dans ces préparations, la quantité

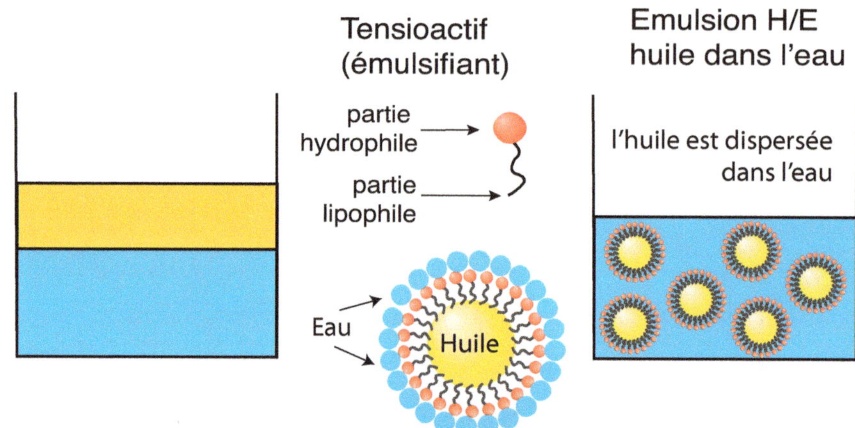

de matière sèche et de sucre vont jouer un rôle important sur la viscosité et la solidité du mélange en absorbant l'eau. D'autre part, la cristallisation de la matière grasse laitière ou du chocolat va contribuer à la solidité du mélange.

L'émulsion et le saccharose

Si l'on ajoute du saccharose dans une émulsion huile/eau, deux cas de figure peuvent se présenter.

1_Si le saccharose est dissous dans l'eau, sous forme de sirop, il va favoriser la stabilisation de l'émulsion et subdiviser la matière grasse en gouttelettes, et ce, en fonction de la quantité de sucre présent. Si le saccharose n'est pas bien dissous et que sa granulométrie est plus importante, l'émulsion peut vouloir se séparer, et ce, en fonction de la quantité de saccharose présent. En effet, même si les molécules de saccharose ne se sont pas dissoutes, l'eau va tout de même s'accrocher aux particules de saccharose et la rendre moins disponible pour s'émulsionner avec l'huile.

L'émulsion et les autres matières sèches

Si l'on ajoute de la matière sèche à une émulsion huile/eau, les molécules d'eau vont s'agripper à la matière sèche et la rendre moins disponible pour que l'émulsion se produise. Rappelez-vous que nous avons dit qu'il y a un ratio matière grasse/eau (75/25) au-dessus duquel la matière grasse va se séparer. Donc même si l'on a 65 % de matière grasse et 25 % d'eau, si la matière sèche retient 20 % d'eau, il ne reste que 5 % d'eau. Dans ce cas, il n'y a plus assez d'eau pour que la matière grasse se disperse dans l'eau. La matière grasse se sépare.

Pour que l'eau se détache de la matière sèche, il faut que l'eau contienne du sucre ou du sel. Ainsi les molécules d'eau ne s'agrippent plus à la matière sèche et se lient aux molécules de sucre ou de sel. Dans ce cas, l'eau est à nouveau disponible pour que la matière grasse se disperse dans l'eau.

Si l'eau est en quantité suffisante pour favoriser l'émulsion, il se produit un autre phénomène que l'on nomme la sédimentation. C'est-à-dire que la matière sèche ne va pas être en suspension. Elle va à aller vers le fond. Pour que cette sédimentation ne puisse pas se produire le milieu doit avoir une viscosité suffisante ou alors que la cristallisation de la matière grasse se produise avant que les particules de matière sèche s'écoule dans le fond.

Cette sédimentation influence la texture et la perception des saveurs.

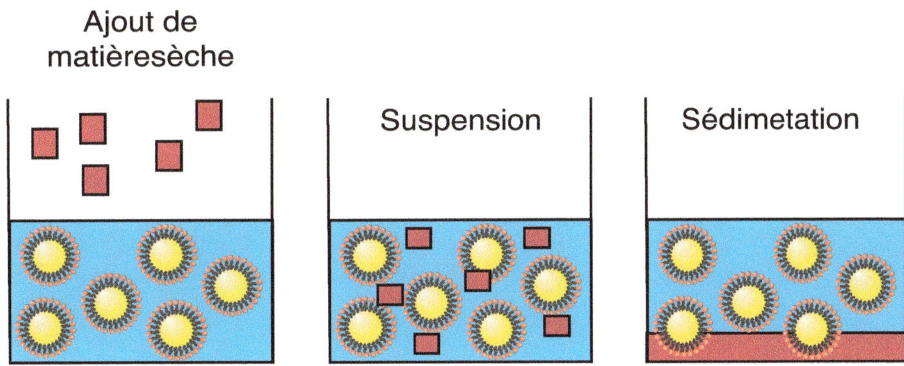

Séparation de la matière grasse

Lorsqu'on parle de séparation de la matière grasse, il existe plusieurs cas de figure.

1— Celui de la mayonnaise :

si l'on met trop d'huile, la mayonnaise va se dissocier en petit tas et la matière grasse excédentaire va apparaître en surface. Il suffit de rajouter de l'eau pour que le mélange soit à nouveau homogène.

2- Celui d'une émulsion qui contient de la matière sèche. Exemple, la ganache

Dans ce cas, deux cas de figure se produisent :

a) Le mélange n'arrive pas à former un mélange homogène sans voir, forcément, la matière grasse se séparer de façon franche. En effet dans le cas d'une ganache lorsqu'on ajoute de l'eau sous forme de crème ou de lait, l'eau va être captée plus facilement par la matière sèche. De ce fait, il n'y a plus assez d'eau pour que la matière grasse puisse se disperser.

b) La matière grasse ressort de manière franche sans que le mélange se sépare. Dans ce cas, du fait que le mélange est parfaitement homogène, le rapport matière grasse, eau/matière sèche/sucre est équilibré. Si l'on ajoute plus de matière grasse sous forme d'huile, par exemple, c'est l'huile, en excès, qui va rester en surface ou s'étendre à l'extérieur du mélange sans que le mélange perde de son homogénéité.

Que se passe-t-il lorsque la matière sèche est enrobée par la matière grasse ?

 L'exemple du cacao est intéressant. Une pâte de cacao à laquelle on mélange de l'eau va se séparer. Les molécules d'eau vont s'agripper au cacao sec malgré la présence de la matière grasse. Ce qui laisse supposer que la matière grasse n'imperméabilise pas la matière sèche, en l'occurrence le cacao sec. Même si l'on prétend que le cacao sec a des affinités autant pour l'huile que pour l'eau, tout laisse à penser que le cacao sec serait plus hydrophile que lipophile.

Avec la farine, les choses sont un peu plus complexes du fait de la grande présence d'amidon. Dans ce cas, l'amidon est davantage imperméabilisé par la matière grasse donc il adsorberait moins bien l'eau. La gélatinisation n'est pas aussi importante qu'en l'absence de matière grasse. La mie est alors plus fragile. Pour le gluten, les choses sont différentes, car ils se comportent comme le cacao sec, car il serait plus hydrophile que lipophile. La matière grasse ne nuit que de façon infime à la formation du gluten. Ce qui signifie que l'armature d'une pâte (réseau glutineux) reste solide en présence de la matière grasse. Cependant, la toile (l'amidon) qui habille cette structure est beaucoup plus fragile. Prenons l'exemple d'une brioche salée bien hydratée et bien beurrée. Si l'on cherche à effectuer plusieurs rabats après chaque pousse de la pâte, la pâte a tendance à vouloir se décomposer. Hypothétiquement, ce qui se déchire, ce ne serait pas le réseau, mais la toile. Ce phénomène ne se produit pas avec une pâte à pain.

La matrice

Nous avons vu comment chacun des 4 groupes se comporte et comment ils interagissent entre eux.

Dans la logique des choses, le mélange idéal serait de dissoudre le sucre dans l'eau, de procéder à l'émulsion et d'ajouter les autres matières sèches. Cependant, il serait possible aussi de mélanger, d'une part, la matière grasse et la matière sèche et d'autre part de dissoudre le sucre dans l'eau. Ensuite, ajouter le mélange eau/sucre au mélange matière sèche/matière grasse. Les combinaisons sont nombreuses et vont déterminer la structure et la texture du produit. C'est là où réside la clef de la matrice.

Lorsque vous avez à réaliser un produit, il ne faut pas appliquer une méthode sans se demander dans quel ordre je veux mélanger mes ingrédients. Pour ce faire, il faut tenir compte les principes énoncés précédemment et toutes les informations données dans le volume 1 et le volume 2 de la pâtisserie du XXIe siècle.

Nous allons étudier dans les chapitres suivants le cas de certaines pâtes et de certaines crèmes pour que vous sachiez comment appliquer ces principes et obtenir à la fois la meilleure texture et la meilleure structure.

Résumé

1_Le sucre.

Le sucre cherche toujours à se lier à l'eau.

Si le sucre est mélangé à la matière sèche ou la matière grasse, il est moins disponible pour l'eau.

Le sucre lorsqu'il est dissous dans l'eau ne viendra plus perturber la préparation.

La manière dont le sucre est ajouté pourrait influencer sa saveur. Dans l'eau, il s'exprimerait mieux que dans la matière grasse particulièrement sous la forme d'une émulsion.

2_La matière grasse

Le type de matière grasse saturée ou insaturée aura de l'incidence sur la structure du produit

La cristallisation de la matière grasse saturée joue un rôle important au niveau de la texture et de la structure.

L'émulsion nécessite une certaine quantité d'eau disponible pour que la matière grasse s'y disperse.

La cristallisation de la matière grasse permet de favoriser la rétention d'air.

3_Les autres matières sèches

Elles vont agir comme stabilisateur dans les préparations, car elles adsorbent l'eau.

Elles sont en compétition avec la matière grasse et le sucre pour l'eau.

Elle favorise la viscosité d'une préparation, ce qui facilite l'introduction d'air

Pâtes friables

Nous allons étudier le cas de la pâte sablée et sucrée. Au-delà des appellations, ces deux produits sont très similaires. Par convention, on a attribué à chacune d'elle une méthode spécifique. Comme je l'avais mentionné dans mes précédents ouvrages, on devrait parler de pâte friable. C'est davantage, la recette qui conduit à lui donner un nom plus qu'un autre sachant que la structure de ces produits reste plus ou moins la même. Quant à la texture, elle va dépendre beaucoup de l'équilibre des ingrédients et dans une certaine mesure de la manière dont on va les mélanger.

Rappel de quelques principes.

– La quantité d'eau est souvent trop faible pour favoriser le gluten.
– La quantité de saccharose va affecter la dureté du produit. Plus il y a de saccharose, plus dur sera le produit.
– La quantité de beurre va affecter la friabilité du produit.
– Le choix de farine et sa granulométrie vont influencer la texture et la forme du biscuit.

Partant de ces principes, étudions l'impact des différentes possibilités de mélange en gardant en mémoire ce qui a été énoncé dans le chapitre de la matrice.

Dans des pâtes friables, la quantité d'eau est rarement supérieure à 15 % du poids de la farine, tout au plus, elle peut être de 16 % à l'exception des petits beurres et cookies américains ou la quantité peut atteindre 20%. La quantité de sucre selon les recettes peut-être importantes même si je préconise de ne jamais dépasser 40 % du poids de la farine. De ces faits comme le sucre est souvent dissous à froid, l'eau est saturée par le sucre. Il est donc important de bien mélanger la préparation d'eau et de sucre pour faciliter la dissolution et d'utiliser un saccharose fin. Je préfère l'utilisation du sucre semoule fin au sucre glace comme expliqué dans mes précédents livres principalement pour la texture que le sucre semoule apporte.

Dans le cas des pâtes friables, il existe deux méthodes traditionnelles : sablage et crémage. Cependant, ce ne sont pas les seules. Par le passé, la méthode tout-en-un était celle qui était la plus généralisée.

Voyons de plus près, selon le principe de la matrice, quelles sont les méthodes que nous pourrions utiliser pour nos pâtes friables, et lesquelles nous devrions choisir.

Exemple 1

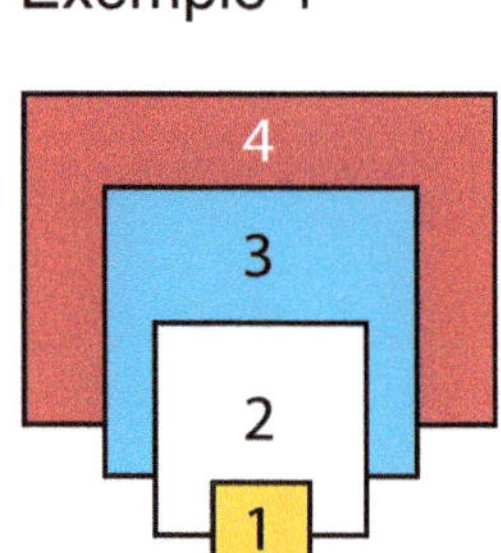

Cette méthode est celle du crèmage

À la matière grassse (1) on ajoute le sucre (2).
Ensuite les liquides (3) sont ajoutées. Enfin,
on additionne la matière sèche (4).

Exemple 2

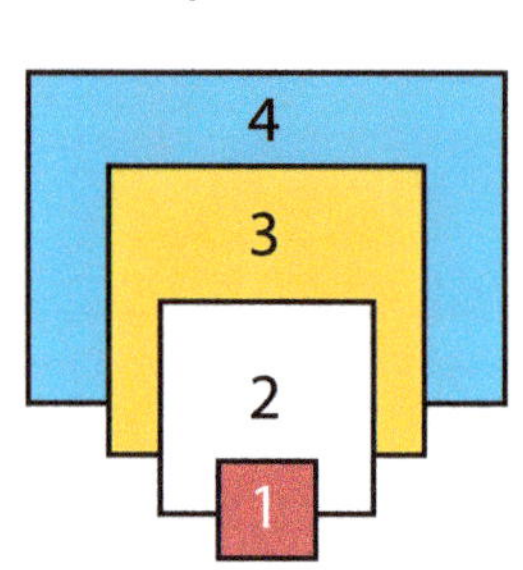

Cette méthode est celle du sablage

À la farine (2) on ajoute le sucre (2). Ensuite le
beurre (3) Enfin, on additionne l'eau

Dans l'exemple 1, le beurre est mélangé au sucre. Lorsqu'on ajoute les liquides, le mélange va avoir tendance à se séparer d'autant plus que le beurre n'est pas suffisamment crémeux et que le sucre va vouloir migrer vers l'eau. Le mélange va chercher à s'inverser pour que le beurre se disperse dans le liquide. On finit par obtenir un mélange qui s'apparente à une émulsion, car souvent les pâtissiers n'attendent pas que le mélange soit homogène. Si le mélange est homogène, la farine va avoir moins tendance à se lier à cette émulsion. La pâte qui va se former est plus fragile et explique pourquoi la pâte sucrée est cassante. L'ajout d'eau pourrait aider à la cohésion, mais ce n'est pas ce que l'on souhaite. Si le mélange n'est pas bien homogénéisé, l'eau va avoir tendance à être, plus facilement, en contact avec la farine ce qui va éviter, en partie, d'avoir une pâte cassante. Nous voyons bien que cette méthode n'est pas idéale dans le cas des pâtes friables. Ceci explique sans doute la raison qu'au XIXe siècle elle était utilisée pour toutes sortes de pâtes plus riches en eau, mais pas pour les pâtes friables.

Dans l'exemple 2, c'est l'exemple classique du sablage. À noter que la consistance du beurre a un rôle à jouer. Il est préférable d'avoir un beurre bien froid qu'un beurre crémeux. Cela permet d'avoir une meilleure consistance de la pâte. Il est souvent écrit que le beurre froid favoriserait la friabilité. Nous verrons dans les exemples suivants que cela est bien plus complexe. Le fait que le sucre soit mélangé au sablage risque de conduire la pâte à suinter au cours du repos ou sur la durée d'autant plus si les cristaux de sucre sont plus importants. Comme il a été expliqué précédemment le sucre est enrobé par le gras et la matière sèche, l'eau va prendre du temps avant d'entrer en contact. Lorsque le sucre et l'eau rentreront en

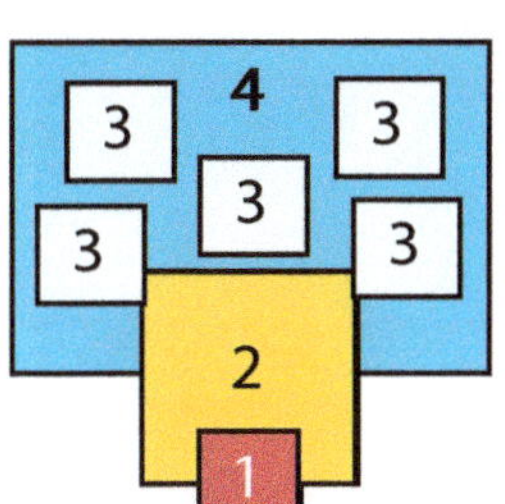

À la farine (1) on ajoute la matière grasse (2). Ensuite le mélange de sucre (3) et d'eau (4)

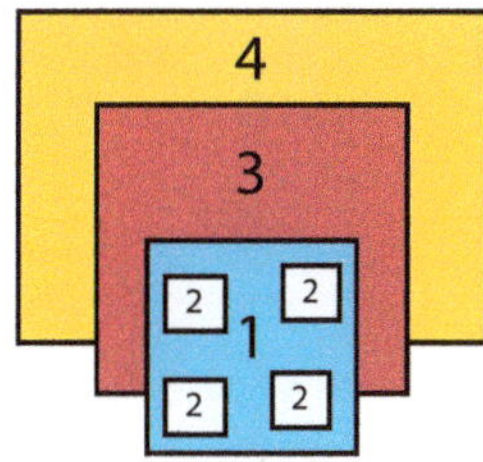

Au mélange d'eau et de sucre, on ajoute (3) la farine et ensuite la matière grasse (4).

contact l'eau, va migrer vers le sucre et cela pourrait avoir des conséquences sur la structure de la pâte. Cette méthode du sablage n'est pas préconisée.

Dans l'exemple 3, le beurre est sablé avec la farine et ensuite le mélange de sucre et du liquide est ajouté. Le sucre doit être bien dissous dans le liquide en remuant vigoureusement, et ce, même si la quantité de liquide est faible. Le sucre semoule se dissout même si cela se produit de manière imparfaite. Dans ce cas, on est vraiment dans le modèle de la matrice. Pour pousser la logique de la matrice à son maximum, on pourrait fondre le beurre et l'émulsifier avec les liquides avant d'ajouter la farine. Cependant, dans ce type de produit, il est préférable d'avoir un beurre cristallisé ou partiellement cristallisé qui favorise la maniabilité de la pâte et la rendre plus facile à étendre. Cependant du fait que le beurre est liquide et que cela soit la farine qui soit dispersée dans l'émulsion, le produit sera très friable. En effet, si les lipides du beurre sont cristallisés, partiellement cristallisés ou complètement fondus cela aura de l'influence sur le produit sans qu'il soit facile d'expliquer toutes les subtilités. Il est facile de comprendre que le beurre est lui-même une matrice qui va influencer la matrice dans laquelle elle s'imbrique.

Dans l'exemple 4, le sucre est dissous dans les liquides puis l'on ajoute la farine. Le mélange se réalise pour avoir une texture ressemblant à un semblant de sablage avant d'ajouter le beurre à température de 20 °C. À la rigueur, il serait possible d'utiliser un beurre plus froid et procéder à un sablage. Là encore, nous préservons l'idée de la matrice.

Dans le cas des pâtes friables, il est important de dissoudre le sucre dans les liquides, ensuite la manière de procéder va dépendre de la texture que l'on va préférer, et de l'organisation de notre travail sachant que le beurre fondu donnerait le plus de friabilité, mais que le sablage reste une bonne alternative surtout, si le sablage est un sablage assez avancé ce qui permettrait d'avoir plus de friabilité, mais une texture plus fondante.

Recettes

Pâte Sablé

100 g de farine

60 g de beurre 82%

20 g de jaunes (un gros jaune)

36 g de sucre semoule ou sucre fin

Parfum au choix

Pâte Sucrée

100 g de farine

50 g de beurre 82%

20 g de jaunes (un gros jaune)

5 g d'eau

32 g de sucre semoule ou sucre fin

Parfum au choix

-Sabler le beurre et la farine de façon plus avancé pour le sablé que pour la pâte sucrée

-Mélanger le jaunes, l'eau dans le cas de la pâte sucrée et le sucre pour dissoudre au mieux le sucre.

-Ajouter le mélange liqude sucre au sablage et réaliser une pâte.

Sablé au chocolat

100 g de farine

45 g de chocolat à 64% (ou entre 62% et 66%)

17 g d'eau

20 g de jaunes (un gros jaune)

42 g de beurre

28 g de sucre

Cette recette a été conçu pour avoir un sablé qui ne soit pas trop sucré ni trop gras.

Vous pouvez toujours augmenter la quantité de sucre mais n'oubliez pas que cela durcit le biscuit

Si vous trouvez le biscuit dur vous pouvez augmenter la quantité de beurre

Pour un chocolat à 70% remplacer 45g de chocolat par 35g rajouter 7g de sucre.

Sablé à la poudre de cacao

100 g de farine

50 g de beurre

20 g de jaunes (un gros jaune)

28 g de sucre

11 g de cacao

8 g de beurre

8 g de sucre

10 g d'eau

Avec le cacao, le beurre, l'eau et le sucre mixer pendant 10 minute à 40°C le mélange ou mettre au bain marie et mixer avec un mixeur.

Mélanger cette préparation au sablage avant d'ajouter le mélange de jaune et de sucre.

Vous pouvez faire varier la quantité de cacao de 11g à 13g en ajoutant 1g de plus de beurre, de sucre et d'eau par 1g de cacao en plus

Construire sa recette

Pour construire sa recette de pâtes friables, il y a plusieurs questions à se poser

1— Quel type de biscuit veux-je réaliser ?

Les deux extrêmes sont le petit-beurre et le short bread anglais.

Quelle différence : l'un contient peu de beurre et l'autre en contient beaucoup. L'un contient des liquides, l'autre n'en contient pas. Dans un cas, on a un biscuit dur et cassant et dans l'autre un biscuit friable et fondant.

Ce sont sur ces repères que vous allez partir pour répondre à la question : qu'est-ce que je veux comme produit. Plus votre produit va être cassant et dur moins il y aura de beurre, plus il y aura d'eau. La quantité de beurre va varier de 25% à 65% pour une farine adaptée à ce type de pâte autrement on est de 30% à 70% de beurre. L'eau va varier de 0% à 25% en fonction de la farine. Quant au sucre, il reste plus ou moins stable entre 30% — 40%. Ne perdez pas de vue que le sucre apporte de la dureté. À présent, vous avez les clefs pour définir la pâte friable que vous souhaitez, en ne perdant pas de vue que plus une pâte contient de beurre moins, elle peut s'étendre et avoir de la tenue dans un moule. Dans le volume 1 des repères ont été donnés.

Petit rappel : la recette se construit en se basant sur 100% de farine.

Une fois la recette créée, vous n'avez plus qu'à appliquer la matrice qui vous convient. Pour information, le petit-beurre se prépare comme une détrempe et il estpassé au laminoir comme une pâte feuilletée à raison d'au moins deux tours.

Construisons à présent notre pâte sablée et notre pâte sucrée

Recette pâte sablée et pâte sucrée

La pâte sablée et la pâte sucrée sont quasi identiques. La distinction pourrait être faite sur la quantité de beurre et de liquide, davantage pour les sablés et la quantité de liquide davantage pour la pâte sucrée.

Pâte à Sablé

100 g de farine

60 g de beurre 82%

20 g de jaunes (un gros jaune)

36 g de sucre semoule ou sucre fin

Parfum au choix

Pâte Sucrée

100 g de farine

50 g de beurre 82%

20 g de jaunes (un gros jaune)

5 g d'eau

32 g de sucre semoule ou sucre fin

Parfum au choix

-Sabler le beurre et la farine de façon plus avancé pour le sablé que pour la pâte sucrée
-Mélanger le jaunes, l'eau dans le cas de la pâte sucrée et le sucre pour dissoudre au mieux le sucre.
-Ajouter le mélange liqude sucre au sablage et réaliser une pâte.

Short bread écossais

100 g de farine

70 g de beurre

35 g de sucre

La farine dédiée aux biscuits pastry flour, ou farina per frolla ou farine biscuitier de préférence

Vous pouvez remplacer 10% à 15% de farine par de la farine de riz type granuleuse ou type sucre glace ou encore par de la semoule de blé fine

Vous pouvez remplacer 10% de sucre par de la vergeoise claire.

Sablé aux amandes

100 g de farine

75 g beurre

40 g d'amandes en poudre

20 g de jaunes (un gros jaune)

35 g de sucre

Il est possible de diminuer la quantité de sucre jusqu'à 28g

Il est possible de ne pas ajouter de jaunes pour un produit plus friable.

Ce biscuit demande des précautions pour le façonner de la forme que l'on souhaite

100 g Farine — Farine la plus faible en protéines, farine de blé tendre dont le grain est tendre (soft wheat), blé farineux, blé biscuitier. Si d'un point de vue rhéologique le type n'a pas d'importance, il est préférable de ne pas utiliser des farines avec un taux de cendre aussi bas que la T45. Votre sablé aura un goût dénaturé. Certes la présence du bon beurre et de la vanille compenseront, mais cela n'offrira pas le même produit. Le taux de cendres de votre farine doit être celui d'une T55 au minimum.

En l'absence de farine dédiée aux sablés, il est possible de remplacer 10% de la farine par de l'amidon, maximum 20%. La quantité va dépendre du résultat recherché, de la farine que vous utilisez et de l'amidon que vous choisissez.

Pour apporter de la texture, il est possible d'ajouter en lieu et place de l'amidon 5% à 10% de semoule fine de blé (cela confère une texture très particulière), de la poudre d'amandes, certaines farines de riz granuleuses...

Si vous souhaitez donner une typicité particulière à votre farine, on peut remplacer 5% de la farine par de la farine T80 ou du Kamut (farine de Khorasan) entiers

50 g Beurre (pâte sucrée) — 60 g Beurre (pâte sablée)

Le beurre ne peut être remplacé tant pour le goût que pour la texture. Cependant, ceux qui tiennent à ajouter de l'huile, ne perdez pas de vue que le 50 g de beurre, c'est 41 g de lipide, 16 g d'eau et 2 g de matière sèche. Sachant que l'huile ne cristallise pas comme le beurre, la quantité d'huile, à ajouter, est légèrement inférieure à 41 g, environ de 30 g -32 g. L'utilisation de beurre de cacao désodorisé, type Mycrio, peut être un choix intéressant, mais il faut l'utiliser de préférence fondu. La texture sera plus sèche que pour le beurre classique, mais intéressante. Le petit goût de beurre de cacao apportera une touche particulière.

L'huile de beurre ou le beurre clarifié sont ceux qui pourraient donner un goût plus marqué de beurre. Vous pouvez l'utiliser liquide. Dans ce cas on peut maintenir la quantité à 41 g ou descendre à 36g-38g. Vous pouvez l'utiliser crémeux en le refroidissant et le fouettant.

Dans le cas des huiles et du beurre de cacao, n'oubliez pas d'ajouter les 16 g d'eau qui ne sont pas présents comme dans le beurre.

15 g de liquide (pâte sucrée) - 10 g de liquide (pâte sablée)

Dans le cas, de la pâte sucrée cela pourrait être juste de l'eau. N'ayez crainte, le résultat est parfait si le choix du beurre est de bonne qualité, et la farine adéquate.

Équivalence à 15 g - 10 g d'eau

20g de jaunes d'œufs + 5g d'eau |
20 de jaunes (j'ai une préférence pour les jaunes)
20 g d'œufs (10 g de jaunes 11g de blancs) | Ne pas utiliser des œufs entiers pour les sablés.
Préférer des jaunes
25g de crème 35% diminuer le beurre de 6 g |
16 g de crème 35% - 11 g de lait
17g de lait

28g-32g de sucre semoule ou sucre fin (pâte sucrée) - 35 g — 40 g (pâte sablée)
L'utilisation de sucre tel que Demerra, Muscavado ou encore de la vergeoise blonde ou
brune (cassanode au Québec) est possible, mais en remplacement de 10% à 15% du
saccharose en gardant en mémoire que cela va faire perdre au biscuit son côté craquant et
lui apportera du fondant.

Le chocolat
Chocolater un sablé, ou une pâte sucrée, ne se résume pas à remplacer une partie de la
farine par du cacao en poudre. Le chocolat est constitué de lipide, de sucre et de matière
sèche. Cette matière sèche doit être considérée comme de la farine. Ce qui signifie qu'elle
adsorbe de l'eau. De ce fait, l'ajout de chocolat exige d'ajouter de l'eau.

Pour le cacao en poudre, qui est constitué de lipide et de matière sèche, en plus de l'ajout
de l'eau, il est important d'ajouter du beurre laitier et du sucre.
Ne perdez pas de vue que la matière sèche du cacao peut être alcalisée. C'est souvent le
cas du cacao utilisé en pâtisserie. Ceci signifie que la quantité de cacao sec nécessaire est
moindre que celle provenant du chocolat.
On peut considérer que pour le chocolat il faut environ 4.5 % de cacao sec sur le poids
total de la recette et pour le cacao en poudre 3.6 % du poids total de la recette.
 (voir recettes pour le procéder)

La cuisson est un point très important dans ces produits surtout pour leurs conservations.
Les pâtes sucrées et sablées sont souvent sous-cuites. Il faut s'assurer de bien les cuire à
basse température de 155 °C à 160 °C en fonction des fours pour obtenir une belle couleur
dorée.

Biscuit à la française et gâteau à l'anglaise

Le biscuit à la française, ce sont les produits tels que la génoise, le biscuit de Savoie, la Joconde et tous ces biscuits, qui servent de support aux entremets. Si beaucoup de nos jours ne contiennent pas de beurre, il fut un temps où ils en contenaient ce qui leur conférait une texture et une saveur particulière.

Les biscuits à la française sont presque tous construits sur la même technique de réalisation. Cependant l'équilibre de la recette à beaucoup d'importance sur la tenue et la texture de ces produits. Dans le volume II de la pâtisserie du XXIe siècle, j'avais ajouté un tableau pour les définir que je vous mets à titre de rappel.

Le gâteau à l'anglaise est parent proche du biscuit beurré à la française. La principale différence est que la quantité de sucre est inférieure, parfois égale, au poids de la farine et que le poids de la farine est supérieur ou égal au poids des œufs. Dans ce produit, les blancs ne sont généralement pas montés en neige à quelques exceptions près.

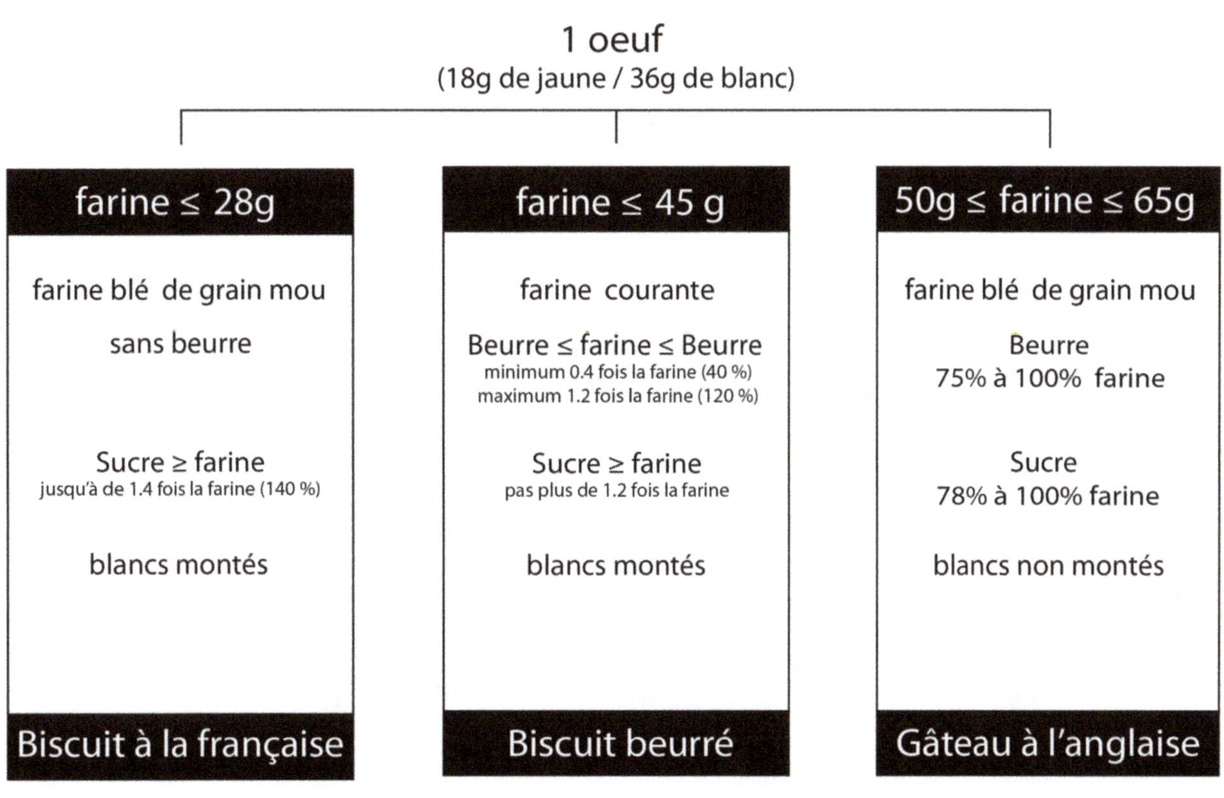

Rappel de quelques principes du biscuit à la française

- La quantité de sucre est supérieure ou égale à 1.1 fois la quantité de la farine. C'est le sucre qui favorise le volume de ces produits en retardant la gélatinisation de l'amidon et coagulation des œufs lors de la cuisson.

- En présence de blancs d'œufs montés et en l'absence de beurre, la quantité de sucre peut aller jusqu'à un maximum de deux fois le poids de la farine.

- En présence de beurre, le volume peut être affecté négativement. La texture est moins aérée, plus dense

- Plus il y a de beurre, plus il est préférable d'avoir une farine moins légère que la farine à pâtisserie. C'est-à-dire une farine plus forte, mais moins forte qu'une farine viennoiserie.

- La quantité de liquide doit être toujours supérieure à la quantité de farine.

- Dans un biscuit, il est préférable d'être dans un rapport de 18g de jaune pour 36g de blanc lorsque le produit n'est pas beurré ou peu beurré. Dans un produit plus beurré, on est davantage dans un rapport de 18/20 jaunes pour 30/32 blancs. Mais là encore tout dépend la texture recherchée.

- Si l'utilisation de la poudre levante n'est pas commune dans ce genre de produit, elle reste un atout pour des produits riches en beurre. Ne pas utiliser les poudres levantes contenant du pyrophosphate, du fait l'arrière-goût qu'elle pourrait apporter.

Il est important de faire une distinction entre les biscuits non beurrés comme le biscuit de Savoie et les biscuits beurrés. Cependant, je conseille d'avoir toujours une quantité minime de beurre qui favorise la texture.

Dans des produits non beurrés ou légèrement beurrés, il est possible d'avoir une quantité de liquide beaucoup plus importante que cela soit sous forme d'œufs ou d'eau ajoutée aux œufs.

Rappel de quelques principes du gâteau à l'anglaise.

-La quantité de sucre est inférieure et parfois égale à la quantité de la farine. Contrairement au biscuit à la française, cette diminution du sucre va entraîner le renflement du gâteau (formation presque d'un pic) et l'ouverture du gâteau au sommet.

- Les blancs d'œufs ne sont presque jamais montés ou à de rares occasions.

– Le choix de la farine est fondamental pour la réussite de ces produits et la qualité de leur texture

— Dans certaines recettes, l'ajout de lait est possible pour attendrir la texture d'autant plus que nous n'avons pas la bonne farine. Le lait est souvent utilisé en remplacement des œufs

— L'ajout de poudre levante est quasi systématique, mais la quantité varie en fonction de la texture recherchée.

Si ces produits paraissent simples, ils sont pourtant les plus complexes de la pâtisserie. En effet, l'étude que j'ai menée ces dix dernières années, sur ces produits m'a démontré que la matrice de leur structure et la matrice de leur texture et de leur saveur n'allaient pas toujours de pair. C'est-à-dire si le produit est bien structuré, la texture et la saveur obtenue peuvent ne pas être aussi agréables qu'espérées. C'est là que l'on comprend que, dans ces produits, c'est une conjonction de mini-structures dont l'assemblage fait la texture et le produit. Si cela peut être vrai pour d'autres produits, la différence sur la texture et le goût se ressent davantage avec le biscuit.

Les mini-structures

Le jaune mélangé au sucre

Lorsque le sucre et le jaune sont mélangés, le sucre va attirer l'eau du jaune. Plus on mélange plus le sucre se dissous dans l'eau, plus la matière grasse du jaune se divise en très petites particules qui va se disperser dans cette eau sucré dans laquelle vont se disperser aussi les protéines du jaunes. Du fait de la forte viscosité du mélange, le mélange va favoriser l'introduction d'air et faire mousser le mélange qui va blanchir. L'ajout d'eau permettra plus facilement au mélange de prendre du volume et

Aux jaunes on ajoute le sucre

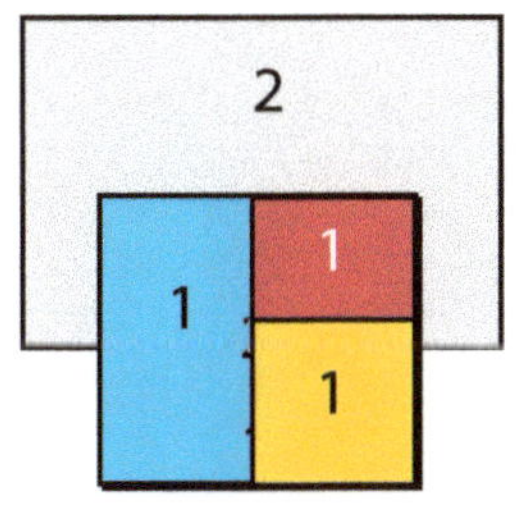

Le jaune est un élement complexe 50% d'eau 32% de matière grasse et le reste en matière sèche

Emulsion Crémeuse

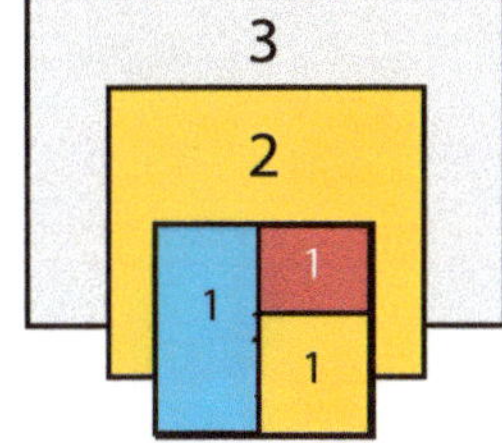

Aux jaunes on ajoute
le beurre fondu puis
on ajoute le sucre

Emulsion Fluide

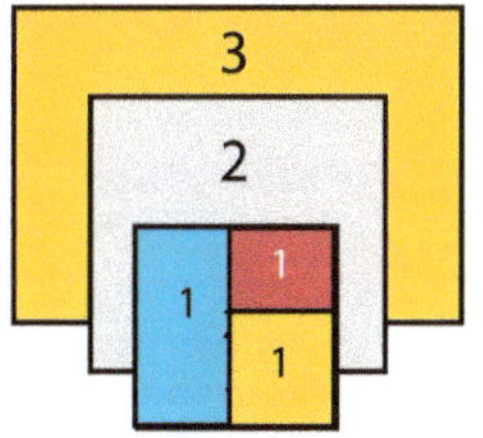

Aux jaunes on ajoute
le sucre puis le beurre
fondu

au sucre de mieux se dissoudre. Il est probable que ce mélange favorise le goût sucré de la préparation.

Emulsion jaune, sucre, beurre

J'ai mis au point ces deux techniques dans le volume I et II. Elles sont toutes deux basées sur le principe de l'émulsion, et l'émulsion/cristallisation de la matière grasse. On constate combien la position du sucre a de l'importance sur le résultat final et montre une fois de plus que l'ordre des ingrédients et dans une certaine mesure la température affecte la structure. Dans la technique du crémage (émulsion crémeuse), le fait d'ajouter le beurre d'abord sur les jaunes va permettre de démarrer l'émulsion, ce qui favorisera sa formation et la cristallisation du beurre avec le jeu de température. Dans ce cas, le sucre va se disperser dans le mélange et favoriser la stabilisation du mélange. La dissolution du sucre dans l'eau est moins avérée que dans la méthode de l'émulsion fluide. La méthode dite de l'émulsion fluide est une émulsion instable. En effet, le jaune et le sucre et l'éventuelle présence d'eau vont générer une préparation moussante dans laquelle la matière grasse va se disperser. Il est possible que la matière grasse soit moins stable que dans la préparation de l'émulsion crémeuse. Bien entendu, le jeu des températures est important sur la texture du mélange et sur le résultat final. Une préparation crémeuse et une préparation plus fluide ne donneront pas les mêmes résultats. Ironiquement, la méthode de l'émulsion crémeuse sera davantage une vraie émulsion-cristallisation que la méthode dite de l'émulsion fluide qui ne l'est pas tout à fait du fait de la présence du sucre dans les jaunes et de sa partielle dissolution. L'utilisation du sucre glace pourrait éventuellement avoir un impact sur le résultat final de l'émulsion fluide et la rapprocherait éventuellement de l'émulsion crémeuse. Dans ce cas, il est probable que les jaunes et le sucre glace ne montent pas bien en mousse et que l'ajout du beurre fasse retomber la préparation de façon plus conséquente.

Bref rappel de ces méthodes :

Emulsion Fluide : Mélanger le jaune d'œuf à 3°C, l'eau si nécessaire et le sucre. Monter le mélange jusqu'à ce qu'il fasse le ruban. Ajouter tout en fouettant le beurre fondu à 40°C continuez à mélanger après l'incorporation du beurre pour qu'il se disperse bien.

Émulsion crémeuse : mélanger légèrement le jaune d'œuf à 20°C et le beurre fondu à 25°C-27°c. Ajouter le sucre et fouetter le mélanger pour obtenir un mélange crémeux. Il est important de tenir compte de la température de la pièce. Une pièce trop froide favorise la cristallisation de la matière grasse et durcit la préparation. L'incorporation des autres ingrédients devient difficile. Dans ce cas, il est préférable d'augmenter la température du beurre. Dans le cas extrême, il faut chauffer la préparation au bain marie. Le résultat doit être un mélange crémeux.

Les blancs montés et le sucre

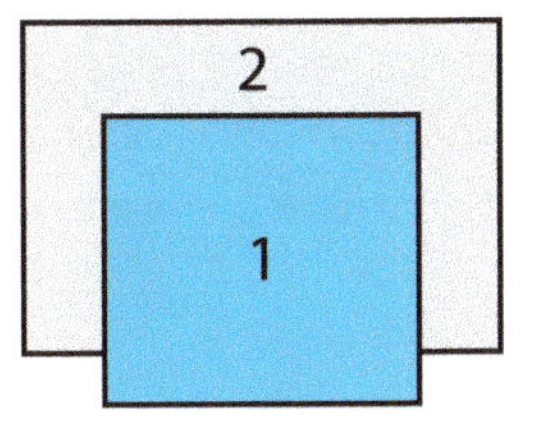
Ajout du sucre aux blancs d'oeufs

Lorsque le sucre est mélangé aux blancs d'œufs non montés, il a la particularité d'apporter un côté collant au produit fini. Meringuer les blancs peut aussi avoir cet effet. C'est ce que l'on constate avec la dacquoise. L'ajout de beurre à une dacquoise pourrait casser cet effet partiellement ou entièrement en fonction de la quantité présente. C'est la raison pour laquelle, j'ai suggéré une autre méthode pour réaliser le financier en émulsionnant le blanc et le beurre comme une mayonnaise avant d'ajouter les autres ingrédients secs. Dans un biscuit à la française, il est préférable d'ajouter 1/4 du poids des blancs en sucre. Il est possible de mélanger 80% dans les blancs à la manière d'une meringue, mais ce n'est pas la méthode que je préconise. Dans certains cas où la quantité de farine est faible, cela peut être un atout.

La farine et le beurre chaud

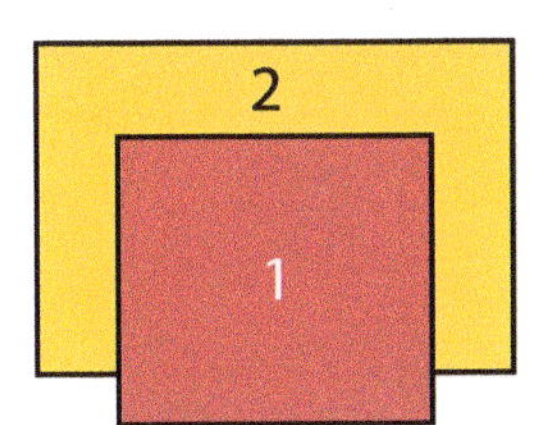
Beurre Chaud sur la farine

Cette mini-structure est particulière et peut ressembler à la structure du chocolat. C'est-à-dire que la matière sèche est dispersée dans la matière grasse avant d'ajouter le sucre avec l'émulsifiant dans ce cas le jaune d'œuf. Cette méthode permet d'offrir un goût plus prononcé de beurre. Cependant si le sucre était ajouté aux blancs d'œufs et qu'ils sont ajoutés au mélange qui comprend les jaunes, le produit aura un goût de gras et farineux. Mais surtout, on aura un goût sucré comme un bonbon.

Toutes ses mini-structures peuvent se combiner pour générer une structure et une texture particulière et qui va définir un goût. C'est un peu comme composer un parfum ou un vin, ce sont des assemblages. Toute la difficulté est d'obtenir à la fois la bonne texture, la bonne structure et une saveur agréable. Cependant comme la perfection n'est pas de ce monde, il faut arriver à trouver un harmonieux déséquilibre.

Le biscuit beurré peut être considéré comme une émulsion dans laquelle sont dispersés de la matière sèche et de l'air sous forme de blanc d'œuf alors que le biscuit non beurré est une dispersion de matière sèche dans une préparation aérée ou les jaunes sont montés avec l'eau et le sucre.

Quelle méthode choisir pour le biscuit beurré ?

J'ai choisi de ne pas vous imposer de méthode. Je vous invite à faire vos propres assemblages de mini-structures et de trouver celle qui vous convient le mieux et qui vous offre le résultat le plus satisfaisant en fonction de ce que vous recherchez. Je vous invite à les tester.

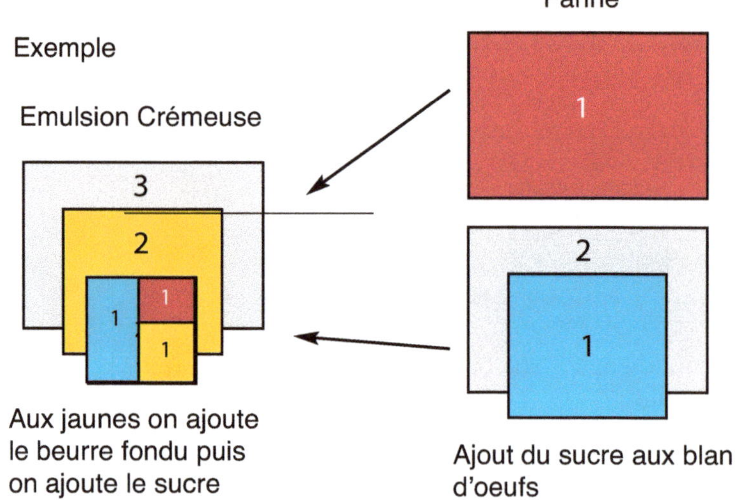

Construire sa recette

Pour construire sa recette des biscuits à la française et gâteaux à l'anglaise, il y a plusieurs questions à se poser

1– Quel type de produits je veux réaliser et pour quel usage ?

Le type et l'usage vont de paire, car ce n'est pas la même chose si l'on veut réaliser un biscuit à la française beurrer pour un entremet ou le vendre comme un produit individuel.

Le choix se résume au biscuit à la française beurré ou non beurré, léger ou plus moins lourd. Lorsque je fais référence au terme léger, c'est-à-dire la quantité d'œufs est bien plus importante que la quantité de farine et au terme lourd lorsque la quantité de farine se rapproche de la quantité des œufs.

Bien entendu, vous pouvez explorer toutes les avenues, mais voici à titre d'exemple des références.

Pour des biscuits en plaque : 50 g œuf/20 g - 25 g de farine

Pour des biscuits plus épais, pour entremets : 50 g œufs/30 g - 35 g de farine

Pour des biscuits vendus tels quels : 50g œufs/40 g de farine

Bien entendu, le gâteau à l'anglaise est à mettre à part, car c'est un gâteau souvent vendu à l'état brut. Il est rarement ajouté à un entremets.

Ensuite, il suffit d'appliquer la règle présente dans le schéma au début du chapitre, c'est-à-dire pour 100 g de farine, il faudra environ 115 g à 120 g de sucre. Pour des biscuits en plaque entre 120 g et 130 g de sucre. Il ne faut pas oublier que lorsqu'il y a beaucoup de beurre, il est préférable que le sucre ne dépasse pas 115 g du poids de la farine. Cela ne veut pas dire que vous ne pouvez pas en mettre plus.

Quant au beurre, pour 100 g de farine on a 0 g de beurre à 100 g de beurre, tout dépend de la texture recherchée. Pour le biscuit en plaque de 0 g à 40 g, et pour les autres biscuits >40g.

Enfin la poudre lever pour 100 g de farine varie de 2,5% à 5%. Ceci est à titre indicatif. Vous pourriez ne pas en mettre. Là encore, tout dépend de la texture recherchée.

Une fois que vous avez compris le principe, vous pouvez choisir vos propres repères.

Recette d'un biscuit beurré pour entremets.

100 g d'œufs — Dans le cas de ce biscuit, je pars sur le principe de 20 g de jaunes pour 32 g de blancs. Je pourrais tout aussi bien partir sur 18 g de jaunes et 36 g de blancs. Tout va dépendre de la texture recherchée 18g de jaunes 36g de blancs apportent plus de légèreté.

60 g Farine (ratio 50g d'œufs pour 30 g de farine) — Farine la plus faible en protéines, de préférence farine de blé tendre dont le grain est tendre (soft wheat), blé farineux, blé biscuitier. Contrairement au sablé, vous pourriez utiliser de la farine ayant un taux de cendres de T45 ou T55. Dans le cas d'un entremets, on pourrait favoriser une T45.

En France, vu la difficulté d'obtenir ce type de farine, il est préférable de faire un mélange de farine T55 la moins riche en protéines 70% et 30% de fécule de maïs. Il serait possible aussi de jouer sur le type d'amidon ce qui pourra apporter des résultats encore différents.. En fonction du type de farine T55 que vous allez avoir, il serait possible d'augmenter la part d'amidon de plus de 30% . Si vous obtenez de la farine de blé biscuitier et si la farine est très faible, ce qui peut se produire, il faut la couper avec 20% de farine T55.

Biscuit sur plaque

version a: 40g jaunes 64g blancs

version b: 36 g jaunes 72g blancs

40 g de farine

48 g de sucre

40 g de beurre

Il est possible d'abaisser la quantité de beurre et d'ajouter un peu de lait pour obtenir quelque chose de très souple. 25g de beurre 15g de lait entier, voire de remplacer le beurre par de l'huile végétale 28g.

Méthode de réalisation émulsion fluide avec les jaunes d'oeufs, ajout des blancs des blancs d'oeufs montés pas trop ferme et éventuellement serré avec moins d'un quart du poids des blancs d'oeufs en sucre prélevé des 92g .

Cake à l'anglaise

100 g d'oeufs

100 g de farine biscuitière (soft flour)

78 g de beurre

85 g de sucre

2 g de poudre à lever

Méthode de réalisation émulsion crémeuse avec les oeufs entiers.

Cuisson 170°C

Biscuit Beurré au chocolat

36 g jaunes

87g blancs

80 g de farine

80 g de beurre 82%

92 g de sucre

20g de chocolat 64% - 66%

3g poudre à lever
Préparation Cacao

17g de poudre de cacao

13g d'eau 22g de beurre 22g de sucre

Mélanger tous ces ingrédients et les mix à 40°C 10 min. Refroidir le mélange.
Même principe que le biscuit beurré ci-dessous, excepté que le chocolat et le mélange de cacao sont ajoutés à l'émulsion

Biscuit Beurré

version a: 40g jaunes 64g blancs

version b: 36 g jaunes 72g blancs

80 g de farine

92 g de sucre

80 g de beurre

Méthode de réalisation émulsion fluide avec les jaunes d'oeufs, ajout des blancs des blancs d'oeufs montés pas trop ferme et éventuellement serré avec moins de quart du poids des blancs d'oeufs en sucre prélevé des 92g .

cuisson 175°C - 180°C

La farine à pâtisserie type pastry flour ou de type farine à blé biscuitier doit être impérativement tamisée.

72 g de sucre cristal ou sucre fin (1.2 poids de la farine). L'utilisation de sucre tel que Demerra, Muscavado ou encore de la vergeoise blonde ou brune est possible, mais en remplacement de 10% du saccharose en gardant en mémoire que cela apporte de l'humidité. Dans ce cas il est préférable d'avoir une farine un peu plus forte à moins de préférer une texture très moelleuse.

60 g de beurre (représente 1 fois la quantité de la farine) le beurre va apporter du moelleux et du goût

3 g d'eau par jaunes d'oeufs soit 6g l'eau est facultatif si vous avez un ration 18g de jaunes pour 36g de blancs. Vous pouvez aussi ajouter du blanc à la place de l'eau ou même du lait.

1.8 g de poudre à lever (représente 3% du poids de la farine) la poudre à lever peut être facultative ou moindre tout dépend de la texture et de la densité recherchée.

Pour ce qui est de la méthédologie à vous de choisir la matrice qui vous convient le mieux en fonction de la texture recherchée.

Pour ce qui est de la quantité d'amandes et de noisettes, il est préférable de les combiner avec de la farine ou de la fécule ou moitié moitié. C'est sans doute le produit le plus difficile à équilibrer. J'ai donné plusieurs guides dans mes livres précédents. Cependant cela reste encore un domaine à explorer sachant que parfois moins d'amandes donne plus de saveur si la recette est bien équilibrée.

Pour le chocolat vous baser sur les recommandations de la pâte sablée.

Nous constatons cette fois-ci que la matrice peut se construire de différentes manières, mais que certaines façons favorisent mieux la saveur et la texture que d'autres. C'est là où réside toute la subtilité du principe de la matrice.

Les biscuits peuvent servir de basse pour les entremets ou être vendus à part entière.

Les pâtes levées sucrées

Les pâtes levées sucrées ont elles aussi leur matrice. En principe, on pourrait penser qu'il suffit de mettre tous les ingrédients dans la cuve et les pétrir. Cependant, c'est ignorer l'impact que l'ordre des ingrédients pourrait avoir sur la structure et la texture du produit. Comme pour les biscuits c'est l'association de mini-structures qui va faire la différence.

Rappel de quelques principes des pâtes levées sucrées.

– Le choix de la farine est la clef de ces pâtes. Il n'y a pas de compromis possible quand on veut obtenir un produit de qualité. L'extensibilité reste un point essentiel. Je vous invite à vous référer à mes précédents ouvrages. Pour en savoir davantage sur les farines vous référer à mon ebook les secrets de la farine (berryfarah.com). Les farines italiennes restent le choix de prédilection.

– Ne perdez jamais de vue l'influence du sucre et du sel. Plus de sucre moins de sel. Plus de sucre plus d'extensibilité, moins d'eau. Plus de sel, plus d'eau. Dans les pâtes levées sucrées, le sel ne devrait pas dépasser 1,5 % et pourrait descendre jusqu'à 1 % lorsque la quantité de sucre et de beurre est importante, il est nécessaire d'avoir une quantité suffisante d'œufs, car ils sont essentiels à la structure.

– Le choix de la levure devrait être une levure osmotolérante pour obtenir une meilleure gestion de la fermentation sans être ralenti par le sucre. En l'absence de levure osmotolérante, le levain-levure devient indispensable mais le résultat au niveausaveur ne sera pas au rendez-vous. La levure va consommer davantage les sucres, rique d'acidité.

La particularité des matrices dans les pâtes levées.

Dans les pâtes levées, il en existe deux types de matrices

La première est l'agencement des ingrédients comme nous l'avons vu pour les autres pâtes. La deuxième est l'organisation de la fermentation. En effet, on oublie souvent que la manière dont la fermentation est organisée va influencer la texture et la saveur du produit. Jusqu'à présent, il a été très difficile d'en mesurer l'impact, car peu d'études ont été faites sur le sujet. Pourtant, nous savons que de courts pointages et de longs apprêts ou l'inverse ou encore de longs pointages et de longs apprêts n'offrent pas le même résultat tant au niveau de la saveur que de la texture. D'autant plus que l'utilisation de préferments peut aussi avoir des conséquences sur le résultat final. De ce fait, j'ai essayé d'en tenir compte pour vous démontrer qu'il y a plus d'une possibilité pour arriver à des résultats intéressants.

Les mini-structures

La levure mélangée à l'eau.

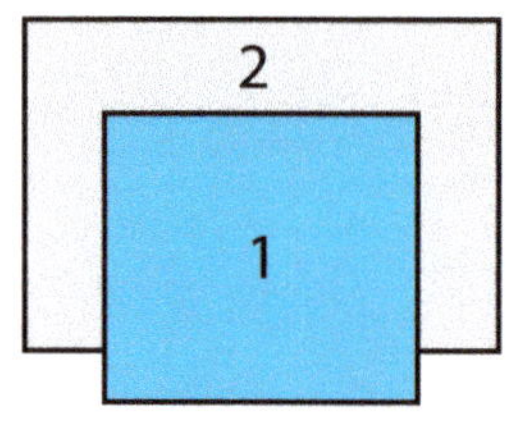

Ajout de levure dans l'eau

Si la levure est diluée dans l'eau, cela va influencer son activité et son comportement. Plus encore, la température de l'eau aura une grande influence sur la manière dont elle va agir, entre autres, sur la production d'une enzyme le glutathion que la levure peut produire si l'eau est froide. C'est encore plus vrai avec la levure instantanée. Cette enzyme peut entraîner une diminution de la production de CO_2 et favoriser l'extensibilité de la pâte. Si la levure est mélangée à la farine, la levure prendra plus de temps à s'hydrater et l'activité de la levure démarrera plus lentement. Nous reviendrons plus en détail lorsque j'aborderai les préferments.

Le sucre et la farine ou le sucre et l'eau

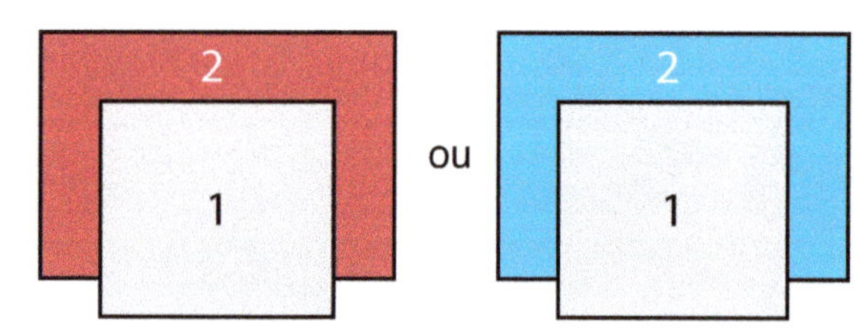

Le sucre ajouté à la farine   Le sucre ajouté à l'eau

Au contact de l'eau, les molécules de sucre vont se lier à une partie de l'eau. Cette eau liée n'est plus disponible pour former le gluten. La pâte perd de sa ténacité et gagne en extensibilité. Plus la dilution est importante, plus l'effet est marquant. Il est important de se souvenir que le sucre dilué dans l'eau se dissout que partiellement, et ce, en fonction de la granulométrie du sucre. Plus la température de l'eau est élevée, plus la dissolution est importante. Le fait de dissoudre le sucre partiellement dans l'eau permet dès le départ d'avoir plus ou moins la consistance de pâte voulue. Idéalement, on pourrait partir sur un sirop qui assure une dissolution beaucoup plus importante du sucre.

Si le sucre n'est pas mélangé à l'eau, mais à la farine, le sucre et la farine sont en concurrence. La farine va s'hydrater plus rapidement que le sucre ne va se dissoudre. Dans ce cas, il y aura moins d'eau liée au sucre. Cependant, au cours du pétrissage et plus encore au cours de la fermentation, d'autant que la durée est longue, le sucre migre vers l'eau, et il pourrait avoir un léger relâchement de la pâte.

Certains boulangers et pâtissiers sont tentés de mettre le sucre après le pétrissage pour favoriser le développement du gluten. Cette pratique soulève plusieurs questions. La première concerne l'hydratation. Une pâte réalisée sans sucre aura besoin de plus d'eau. Ce qui signifie que la pâte pétrie sans sucre va manquer d'eau et nous risquons d'avoir une pâte trop ferme qui pourrait emmagasiner moins d'air. La seconde est que l'ajout du sucre après le pétrissage rendra sa dissolution du sucre difficile et cela risque aussi de provoquer un léger relâchement de la pâte sur la durée. Dans mes précédents ouvrages, j'avais évoqué une expérience faite sur le sujet qui préconisait de mettre une partie du sucre au départ et une partie à la fin.

Rappelons-nous que le sucre dans la matière grasse, permet à la matière grasse d'imperméabiliser le sucre et le rend moins disponible à se lier à l'eau.

D'autre part, j'ai émis l'hypothèse que le sucre dissous dans l'eau serait plus disponible à la levure, ce qui pourrait influencer la fermentation.

Le sel et la farine ou le sel et l'eau

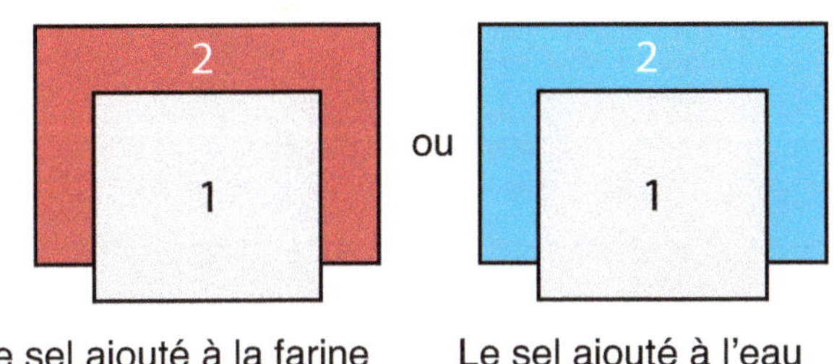

Le sel se comporte de la même manière que le sucre à la différence qu'il faut augmenter l'hydratation, car le sel favorise la viscosité du mélange en renforçant la structure du gluten. La quantité de sel ne devrait pas dépasser 1,2 % dans des pâtes ayant 20 % de sucre et plus. Dans des pâtes dont la quantité de sucre est inférieure, cela va dépendre de la quantité de sucre présent. 1,5 % reste le maximum. D'autre part, le sel ralentit considérablement la fermentation tout comme le sucre. De ce fait, l'addition des deux aura un effet délétère sur la fermentation d'autant plus si l'on n'utilise pas une levure osmotolérante. D'un point de vue gustatif, le goût sera meilleur. Autrement le sel en grande quantité risque de nuire à l'expression des saveurs et donne une note dominante.

Pour les mêmes raisons que le sucre, le dilemme du sel dans l'eau ou du sel dans la farine se pose. Cependant, contrairement au sucre et surtout d'un point gustatif, j'en suis arrivé à penser qu'il serait préférable de mélanger le sel à la farine que de le dissoudre dans l'eau.

Le beurre et la farine

Dans mes précédents ouvrages, j'ai expliqué qu'ajouter le beurre en fin de préparation me paraissait aberrant du fait que cela entraînait une destruction de la pâte avant de la

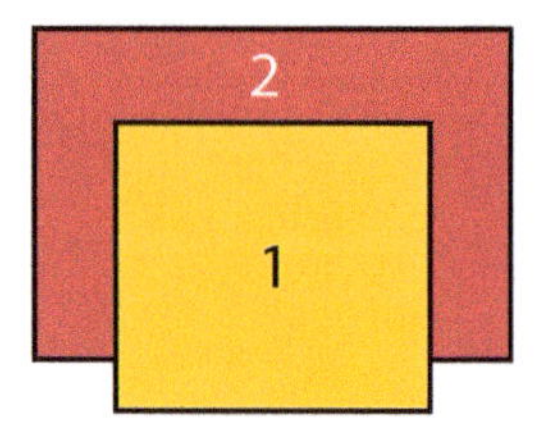

Le beurre ajouté à la farine

restructurer. J'ai alors introduit la méthode du sablage. Comme je l'ai expliqué dans le tome II, référence à l'appui, l'impact du beurre sur le gluten est minime, ce qui signifie que le sablage pourrait être poussé jusqu'au crémage, ce qui donnerait des mies plus fondantes. Dans ce cas, on pourrait appliquer, dans une certaine mesure, les mêmes principes que pour le biscuit ou le cake à l'anglaise. J'ai expliqué dans le tome II que les produits levés sucrés ressemblent davantage à des gâteaux qu'à des pâtes levées. En effet si le gluten est important pour donner de la structure à l'édifice, le reste des ingrédients vont se comporter comme dans un cake ou biscuit à la française et favoriser le volume du produit. Le volume dépendra plus encore de l'extensibilité de la pâte et de ce fait du choix de la farine est essentiel, même si la quantité de sucre aura une influence sur l'extensibilité de la pâte.

Les préferments

Qu'ils s'appellent brew, poolish, sponge, levain-levure, biga, toutes ces préparations ont un but mettre en marche la fermentation et apporter de la structure et de ce fait de la texture et du goût à la pâte.

Plus ces pâtes contiennent d'eau, plus la possibilité de développer de l'acidité est importante, et plus grande sera l'activité fermentaire, et moins les préferments apporteront de saveurs. Les températures élevées ne feront qu'accentuer le phénomène. Si l'ajout de sel n'est pas courant dans ces produits, elle permet de réguler la fermentation, tout comme l'ajout de calcium permet de réguler l'acidité. En ce sens, la biga à l'italienne offre l'avantage d'offrir un ferment qui va ne pas trop se développer et ne pas générer trop d'activité du fait de la faible quantité d'eau et que la pâte n'est pas formée. De ce fait, il y aura moins d'acidité qui se développera malgré une très longue fermentation à 18 °C..

Au niveau des ferments, il existe deux procédés :

– De longue fermentation avec une très faible quantité de levure à une température tempérée ou fraîche.

– De courte fermentation avec toute la quantité de levure à une température plus ou moins élevée.

Dans les préferment de longue durée la pâte ne contient pas de beurre ou des œufs. Dans les ferments de courtes durées, la présence de sucre et éventuellement de matière grasse est envisageable.

Il n'est pas conseillé de mettre la moitié de la levure dans le préferment et une autre partie dans la pâte finale. En effet, cela aurait un effet délétère sur le volume du produit. C'est d'ailleurs la raison pour laquelle, dans le préferment de longue durée, une infime quantité de levure est ajoutée. Ce que l'on cherche avec ce type de ferment, c'est surtout de la saveur. Avec les ferments courts, c'est démarrer la fermentation pour favoriser la pousse. Ce qu'il est important de comprendre c'est que les ferments ne se comportent pas de la même manière dans une pâte levée sucrée et dans une pâte à pain dans laquelle, le préferment aura plus d'influence. C'est le même cas dans le cas de la pâte fermentée qui serait moins adaptée dans les pâtes levées sucrées.

Une fois encore, la fermentation mérite encore beaucoup d'analyses et d'expériences pour en comprendre tous les tenants et aboutissants. À l'heure actuelle, la science ne répond pas à toutes ces questions, car l'industrie n'utilise pas les mêmes procédés qu'en artisanat, et la recherche est bien souvent orientée en fonction de la réalité de l'industrie.

La quantité de levure

La quantité de levure dans une pâte a été sujette à de nombreux débats. J'ai toujours prêché pour une quantité de levure moindre. Dans la pratique, j'ai vu des boulangers mettre 15 g de levure par kilo de farine jusqu'à 50 g de levure par kilo de farine pour la brioche.

Certes, la congélation des pâtes exige une augmentation de la quantité de levure. Cependant, je crois qu'il est préférable dans ce cas d'avoir des levures adaptées à la congélation.

D'autre part pour des pâtes non congelées, la quantité de levure va varier en fonction de l'hydratation de la pâte et du choix de la levure. Moins une pâte est hydratée, plus la quantité de levure sera importante. De la même manière, une pâte qui a une faible capacité de rétention gazeuse ou peu pétrie aura besoin de plus de levure, ceci dans le cas de pâtes levées sucrées de même pour des farines plus tenaces qu'extensibles. La quantité de levure varie en fonction de ces différents facteurs. Il faut en tenir compte pour obtenir le produit optimum. C'est pourquoi une fois encore il est important de bien connaître la rhéologie de ces farines, mais aussi adapter la quantité de levure en fonction de son processus de fabrication et de sa recette. La quantité idéale pour les pâtes levées sucrées est de 20 g de levure Osmotolérante, de préférence, par kilo de farine. Pour les pâtes peu sucrées jusqu'à 12 %, de sucre l'utilisation de levure semi-osmotolérante peut être préconisée. Cependant elle consomme plus rapidement les sucres

À titre de référence rapport sucre / levure osmotolérante :

14g levure 100g de sucre | 15g levure 140g de sucre | 17g 200g de sucre | 18g 250g de sucre | 20 >=300g

Quelle matrice choisir pour les pâtes levées ?

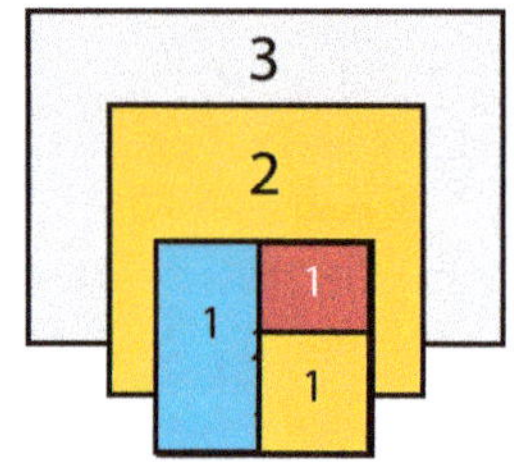

Aux jaunes on ajoute le beurre fondu puis on ajoute le sucre

J'ai choisi d'opter pour deux types de matrices qui me paraissent en adéquation avec ce que l'on attend de ces produits, qui sont avant tout des gâteaux levés.

Libre à vous de créer vos propres matrices selon les conseils édictés précédemment et ceux énoncés dans le chapitre des biscuits.

Méthode émulsion façon biscuit couplée au sablage/crémage

L'émulsion doit être réalisée de préférence la veille comme on le ferait pour les biscuits à la française à la différence que l'on peut y ajouter une partie du sucre. La préparation va être plus liquide que crémeuse en fonction des recettes et de la quantité de jaunes et de beurre présent. La préparation est stockée au froid à 3 °C.

Le lendemain à cette préparation on ajoute la farine dans laquelle le sel a été mélangé. Le mélange de la farine et de l'émulsion peut-être partielle (grossier) ou plus poussée.

Ensuite, le reste des liquides dans lequel le sucre a été dissous est ajouté à la préparation, et l'on termine avec le levain-levure.

Ce type de pâte pourrait subir une durée de pétrissage prolongée sans que cela entraîne des effets indésirables. Bien entendu, il faut raison gardée. Le pétrissage pourrait se faire à la feuille comme l'a exploré Jacky Delplanque, de la boulangerie La Pétrifontaine. Le pétrissage serait plus court.

Variante : Il est possible d'ajouter tout le sucre dans l'émulsion ou encore de réaliser l'émulsion avec les œufs entiers. Chacune de ces possibilités vous donnera des résultats légèrement différents.

Méthode sablage/crémage

Dans cette méthode, on utilise la méthode du sablage du beurre, de la farine et du sel. Puis on ajoute la levure si nécessaire, et les liquides dans lesquels le sucre est dissous et finalement le préferment.

La fermentation

La durée du pointage va dépendre du type de préferment utilisé, plus long pour les préferment long, plus courte pour les préferments courts. La fermentation se fait à une température de 28 °C- 30°C, température optimale pour la levure. La durée de fermentation va dépendre beaucoup de la quantité de sucre et de sel présent. La fermentation en masse, en fonction du préferment choisi et la quantité de levure, peut varier entre 2 h à 3 h. Pour des pousses au froid, la fermentation à température ambiante peut être de 40 minutes à 1 h 30 voire 2 h en fonction de la masse et du type de préferment utilisé. La fermentation au froid pourrait aller jusqu'à 48 h à une température de 3 °C en ayant peu de fermentation en pointage et avec des préferments longs . Au-delà de 20 g de levure par kilo de farine, les durées vont être réduites et considérablement réduites lorsqu'on dépasse 30 g de levure par kilo de farine. Pour des pointages retardés, il est préférable de faire un pointage long, de mettre en moule et de refroidir l'ensemble rapidement pour les conserver à -2 °C ou -5 °C pour au moins 1h avant de les mettre à 3 °C et programmer la chambre de pousse pour les faire pousser à 28 °C pour 1 h 30.

Attention, l'utilisation de la levure 1895 de Lesaffre entraîne un arrêt de la levure au froid et permet de conserver la pâte plusieurs jours au réfrigérateur. Elle n'est utile qu'avec des préparations ayant un maximum de 12 % de sucre.

Pour l'apprêt, il est préférable de favoriser de courts apprêts à 28 °C lorsqu'il y a peu de sucre et de plus longs apprêts lorsqu'il y a plus de sucre avec des températures pouvant aller jusqu'à un maximum de 30 °C. Il serait possible de pousser jusqu'à 35 °C . Lorsque la pâte est trop froide, il est conseillé de mettre dans une étuve à 40 °C pour au moins une heure avant de mettre à une température 28 °C. Il est nécessaire que la pâte arrive au moins à 26 °C rapidement.

Brioche au Chocolat

320 g Farine

1.6 g de malt (facultatif)

192 g d'oeufs

51 g jaunes d'oeufs

50 g de sucre

150 g de beurre

4 g de sel

6 g de levure osmotolérante

45.6 g cacao

57.6 g eau

48 g beurre

49 g sucre

51 g chocolat (66% - 70%)

Préparer le cacao avec l'eau, le beurre, le sucre en le mixant à 40°C 10 min et refroidir.

Sabler le beurre, le sel et la farine, ajouter la préparation de cacao et le chocolat fondu, et ensuite les oeufs dans lequel le sucre est dissous et pétrir

Fermentation 2h envireon 28ªC à 30°C

Fermentation en moule 2h environ 28°C à 30°C

cuisson 170°C - 175°C

Vous pourriez préparer un préferment pour cette brioche.

Gugelhupf Riche façon XIXe siècle

500 g de farine

100 g de jaunes
250 g d'oeufs

100 g de sucre + 15g (levain-levure)

200 g beurre

6 g de sel

6 g de levure osmotoerante

Eau de 135g à 145g

selon les farines et la consistance recherchée.

50g de Raisins Sec trempé dans l'alcool

Levain-levure : mélanger 100g de farine et 80g d'eau de la recette avec la levure et 15g de sucre

Sabler le beurre, le sel et la farine, ajouter la préparation de cacao et le chocolat fondu, et ensuite les oeufs dans lequel le sucre est dissous, ajouter le levain-levure et pétrir

Fermentation 2h envireon 28ªC à 30°C

Fermentation en moule 2h environ 28°C à 30°C

cuisson 170°C - 175°C

Construire sa recette

Pour construire sa recette de pâte levée sucrée, il faut commencer par déterminer la quantité de sucre souhaitée. Plus il y a de sucre, plus il y aura d'œufs ou de jaunes ou moitiés de l'un et moitiés de l'autre. S'il y a beaucoup de sucre et pas assez d'œufs la texture du produit pourrait être pâteuse.

Choisir une levure osmotolérante 20g est une bonne moyenne.

La quantité de sucre va vous permettre de déterminer la quantité de sel

14 g de sel pour 140 g de sucre 12g pour 200 g à 300 g de sucre et au-delà 10 g de sel

Déterminer l'hydratation : cela va dépendre de la farine. Il est préférable d'avoir des hydratations élevées que de faibles hydratations. La moyenne, c'est autour 52 %, mais on peut monter à 56 %, voire 60 % en fonction de la farine que l'on a et de la quantité de sucre et/ou de sel présent. Le beurre peut avoir une légère influence sur l'hydratation. Ne perdez pas de vue que l'œuf de 50g ce n'est pas 50g d'eau et les œufs particulièrement le blanc d'œufs renforce la structure. Généralement plus de beurre et/ou plus de sucre, plus d'œufs entiers et/ou de jaunes. Si l'hydratation n'est pas suffisante et qu'il y a beaucoup de beurre, la pâte pourrait se séparer ou se déchirer, voire devenir grasse.

Déterminer la quantité de beurre 160g à 600 g reste une bonne marge en fonction du produit à réaliser.

Déterminer le type de préferments. Celui de courte durée assurera une fermentation rapide. Un préferment de longues durées nécessitera peut-être de plus de levure, car la fermentation de la pâte peut être plus lente. Dans les deux cas, le préferement représente entre 20 % et 25 % du poids de la farine. Notez bien que la fermentation de longue durée se fait avec une levure non osmotolérante, la levure osmotolérante se trouve dans la pâte finale.

Choisir la matrice de réalisation (méthode de travail)

Finalement, déterminez votre schéma de fermentation en fonction de votre expérience et des informations qui vous ont été données ultérieurement.

Avec cette approche, vous pouvez construire toutes sortes de pâtes et réaliser toutes sortes de produits.

Crèmes, mousses et glaces

Les crèmes sont un des produits phares de la pâtisserie. Ce sont aussi les produits les plus étudiés du fait de leur relation très étroite avec les glaces. Les glaces et les crèmes sont construites sur des bases communes, et ce, même si les crèmes de pâtisserie ont comme socle les jaunes d'œufs comme ce fut le cas pour les glaces dans un lointain passé. Certes de nos jours, il existe toujours des glaces aux œufs, mais ils sont moins courants qu'ils l'ont déjà été.

Dans les glaces comme dans les crèmes, la fonction des protéines, et particulièrement des protéines laitières, est fondamentale dans la qualité des produits. Ce sont les protéines qui apportent de la structure au produit au même titre que la matière grasse. C'est d'ailleurs la raison pour laquelle il existe une relation étroite entre ces produits. Cependant dans les glaces, ce ne sont pas les protéines en tant que telles sur lesquelles on se base, mais sur l'extrait sec dégraissé lactique (ESDL). Ce choix a été fait à des fins pratiques bien plus que pour des raisons scientifiques. Comme je l'ai expliqué dans le volume I, l'ESDL d'un produit laitier que cela soit celui du lait, de la crème ou de la poudre de lait, est composé de près de 52% de lactose, le sucre, et de 38% de protéines dont 80% sont des caséines et 20% de protéines sériques (en anglais whey) et le reste de minéraux. Si les minéraux peuvent avoir une influence, entre autres, sur la saveur ce sont les protéines qui restent la pierre angulaire. Ce qui signifie que 7% d'ESDL ne représente que 2,66% de protéines.

On considère, autant pour les glaces que pour les crèmes, qu'il est nécessaire d'avoir 7% d'ESDL sur le poids total de la préparation. Dans une glace, la quantité maximale est de 12%. Généralement dans une mousse on ne dépasse pas les 7%, car les produits sont suffisamment riches en matière grasse. Plus un produit est riche en matière grasse, moins il y a d'ESDL. Cependant, les œufs, riches en protéines et en matière grasse, contribuent tout autant à la structure des crèmes.

Si la matière grasse laitière contribue à la structure, les protéines restent un pilier important. C'est d'ailleurs la raison pour laquelle en diminuant la matière grasse on augmente les protéines pour solidifier la structure. Il est important de comprendre que les protéines fixent l'eau, car qui dit moins de matière grasse dit plus d'eau. De plus, l'ajout de protéines favorise le foisonnement.

La base de toutes les crèmes en pâtisserie est la crème anglaise. À partir de cette crème, il est possible de décliner toutes les crèmes de la pâtisserie.

La crème anglaise, c'est du lait, du sucre et des jaunes d'œufs. Je reconnais que dans les exemples suivants cela peut être maladroit d'utiliser le terme crème anglaise qui est un produit fini pour désigner l'ensemble lait, sucre et œufs. Cependant, l'utilisation du terme crème anglaise est plus imagée pour les pâtissiers. Vous comprendrez donc que, dans les exemples suivants, je ne fais pas allusion au produit en tant que tel, mais aux ingrédients qui le compose.

crème anglaise + fécule   = crème pâtissière

crème anglaise + Cuisson au bain-marie = pot de crème ou crème caramel

crème anglaise + beurre = crème au beurre.

crème anglaise + gélatine = base pour mousse

Le lait peut être remplacé par de l'eau et former avec le sucre un sirop avec lequel on cuit les jaunes.

Sirop + jaunes = pâte à bombe

Sirop + jaunes + beurre = crème au beurre

Sirop + blancs = meringue italienne.

La matrice des crèmes et des mousses.

Elle est une émulsion ou une émulsion-foisonnée, à base de jaunes d'œufs, à laquelle on ajoute de l'air sous forme de crème montée ou de blancs en neige.

Quelle quantité de jaune dans une base de crème anglaise ?

La question a beaucoup divisé. Il n'existe sans doute pas une réponse exacte. Cependant, il faut une quantité minimale pour apporter l'onctuosité nécessaire. La quantité serait entre 8 et 12 jaunes par litre de lait. Cependant dans un pot de crème ou une crème caramel, la quantité minimale est de 4 jaunes par litre de lait. La raison peut s'expliquer du fait que cette préparation devient un gel qui apporte de l'onctuosité alors que dans une crème anglaise, cela reste un produit fluide et l'apport d'œuf en quantité importante est nécessaire pour permettre d'obtenir un produit qui nappe le palais et donne une sensation crémeuse en bouche.

Quelle différence entre une glace et une mousse ?

Ces deux produits sont quasi similaires de par leurs ingrédients et leur structure. La différence principale est dans la quantité d'extrait sec total.

La glace >35% & < 40-42% extrait sec total   **La mousse >40-42% extrait sec total**

Dans l'industrie, les mousses ont souvent un pourcentage d'extrait sec total proche de la glace. Cependant, il y a davantage de stabilisateurs et la présence d'émulsifiant.

Dans une glace autant que dans une mousse, le principe est de fixer l'eau, idéalement avec des produits solubles qui lient davantage l'eau que les produits insolubles comme nous l'avons expliqué dans le premier chapitre. Dans cette eau liée va se disperser la matière grasse pour générer une émulsion. Cette émulsion pourra foisonner et se stabiliser grâce à la matière grasse qui va cristalliser d'où l'importance d'avoir des matières grasses saturées lorsqu'on réalise des glaces véganes. La stabilité de cette mousse dépend de la déstabilisation partielle des gouttelettes de matière grasse, ce que l'on appelle la coalescence. L'excès de protéines dans les glaces empêche cette coalescence partielle d'advenir. C'est la raison pour laquelle on ajoute un émulsifiant.

Qu'est-ce, la coalescence ?

Dans une émulsion, les gouttelettes de matière grasse sont en suspension dans l'eau. Ces gouttelettes peuvent se déstabiliser et se mettre en mouvement. Lorsque deux gouttelettes viennent se toucher pour former une plus grosse on parle de coalescence. Dans le cas de la crème fouettée ou de la glace, on cherche à avoir une coalescence partielle qui favorise la stabilité de la mousse. Dans un crème fouetté, cela s'opère naturellement. Dans une glace les protéines rend la coalescence plus difficile à advenir d'où la présence d'émulsifiant qui se positionne à la place des protéines et permet au processus de se produire.

Dans une certaine mesure, la matrice des glaces, des mousses et des crèmes est la même. Le principe est de stabiliser au mieux l'eau pour avoir un produit qui foisonne bien et qui reste stable.

Comme dans les produits précédents le sucre est en concurrence avec les autres produits secs. C'est d'ailleurs raison pour laquelle, il est conseillé dans le cas de la gélatine, de la pectine et des stabilisateurs de façon générale de les préparer avant de les ajouter à la recette comme il a été expliqué précédemment. Pour la gélatine en poudre deux solutions s'offrent à vous. Soit de la tremper dans un bain d'eau froide pour favoriser son gonflement. La durée dépend de la granulométrie de la gélatine, la préparation est dissoute ensuite dans une eau à 60 °C. L'autre technique plus rapide est de verser la gélatine dans une eau à 80 °C à 90 °C en agitant de façon continuelle et la préparation doit être refroidie le plus rapidement. Pour les gélatines en feuilles, le principe de l'eau à 80 °C à 90 °C est aussi applicable.

Dans la glace, la préparation est riche en eau et mérite d'être mixée pour avoir un mélange adéquat, voire homogénéiser. Dans une mousse, le fait d'ajouter la crème fouettée favorise la cohésion du mélange. Cependant comme je l'ai expliqué dans mes précédents livres, la crème peut-être ajoutée liquide à notre préparation de base et le tout est monté au fouet.

Il est important de rappeler, de ne pas porter à ébullition les préparations qui contiennent des protéines de lait pour éviter la dénaturation des protéines sériques celles qui favorisent le foisonnement.

Dans les crèmes, la structure est un mélange d'émulsion, de foisonnement et de dispersion. Cependant, ce qui définit la structure et favorise le foisonnement, la dispersion ou l'émulsion, ce sont le choix des ingrédients et le rapport extrait sec total/eau.

Les ingrédients qui influencent la matrice

Les stabilisateurs :

Autant pour les glaces que pour les mousses, la gélatine suffirait à elle seule à stabiliser le produit. 0,5% pour la glace et pour les mousses la quantité va dépendre de la manière dont la crème est ajoutée que se soit liquide ou fouettée. La crème ajoutée liquide va nécessiter plus de gélatine que si la crème est ajoutée de manière fouettée. Il faut rappeler que la gélatine est une protéine qui favorise le foisonnement. Elle peut agir aussi comme émulsifiant.

Les protéines :

Le lait et la crème sont les principaux apports de protéines qui vont favoriser principalement le foisonnement en conjonction avec l'extrait sec total de la préparation.

Les œufs :

Les œufs (jaunes et/ou blancs) agissent comme agent structurant, mais aussi lie l'eau presque 20% pour le jaune et 30% pour le blanc. Ce qui signifie que plus il y a de jaunes plus la structure est liée. Par exemple, dans le cas d'une crème pâtissière, on aura besoin de moins d'amidon. Cependant, il ne faut pas perdre de vue qu'autant les jaunes que les blancs contiennent aussi de l'eau.

Les sucres :

Hormis le saccharose, les sucres tels que le glucose à bas DE, autant dans les glaces que dans les mousses, peuvent avoir une influence positive sur la viscosité du mélange et sur la texture du produit et sur sa platabilité. Dans les glaces, on peut ajouter d'autres sucres comme le dextrose (100% glucose) pour abaisser le point de congélation.

Le chcocolat et les fruits secs :

Les produits tels que les fruits secs (amandes, pistaches, noisettes...) et le chocolat influencent la structure du fait de leur teneur en fibres solubles et insolubles, mais aussi leur grand apport de protéines.

Dans ce chapitre, je ne rentrerais pas en détail sur le calcul des glaces et des mousses. Cependant, pour définir la recette d'une mousse, il suffit d'appliquer les mêmes règles que pour les glaces. Vous avez accès gratuitement à mon logiciel des glaces. Faites en la demande sur facebook/mix21soft.

La révolution

Depuis que je travaille sur le sujet, je me suis beaucoup intéressé à l'amidon de riz dont la particularité est d'être hypoallergénique et d'avoir une granulométrie très fine qui permet de donner une texture crémeuse qui rappelle celle de la matière grasse. D'ailleurs dans l'industrie, elle est utilisée, entre autres, à cette fin.

Il existe différents types d'amidon de riz. La différence se joue sur deux niveaux : le type de riz et si celui-ci est glutineux (waxy, constitué uniquement d'amylopectine et qui ne gélifie pas) ou natif qui gélifie. Aujourd'hui, il existe des fécules de riz modifiés naturellement ce qui leur permet de conserver le nom d'amidon de riz et de ne pas être considérés comme un additif.

La polyvalence de l'amidon de riz glutineux (100% amylopectine) offre des possibilités considérables, y compris en cuisine et en cuisine traiteur. Elle peut remplacer les additifs dans les glaces et les sorbets. Cela dépend du type d'amidon de riz glutineux que vous utiliserez. Cet amidon peut servir d'émulsifiant dans des conditions particulières. Elle peut favoriser le foisonnement et permettre de monter des crèmes à 15% de mg laitière ou saturée en mousse. Elle peut s'associer au carraghénane iota ou à la pectine LM ou LM amidé afin de remplacer la gélatine et d'offrir des textures plus crémeuses avec une excellente stabilité à la congélation. Elle s'utilise généralement entre 1,5% et 3% en fonction du type d'amidon glutineux utilisé et la préparation. Ne pas dépasser 4%.

La fécule de riz glutineux peut se combiner avec la fécule de riz native ou avec la farine de riz à texture de sucre glace (fine granulométrie) dans de multiples préparations et pas seulement dans les crèmes. L'amidon de riz glutineux apporte de l'extensibilité et du moelleux dans certaines pâtes.

Dans une certaine mesure à la farine de riz à fine granulométrie (texture sucre glace) peut remplacer la poudre de lait dans les glaces.

De la même manière, la fécule de riz, ou la farine de riz prégélatinisée peut remplacer la poudre de lait dans le chocolat au lait pour réaliser du chocolat végane ou dans d'autres préparations où il n'y aurait pas de cuisson

Il a été difficile de mettre en marché les amidons de riz que j'ai testés. Cependant, Sosa vend de l'amidon de riz glutineux qui permet de faire le travail. Roland Del Monte, Meilleur

Ouvrier de France glacier, l'utilise dans la production de ces glaces et ces sorbets avec un certain succès.

L'amidon de riz glutineux peut s'utiliser à température de pasteurisation soit 85 °C ou à des températures supérieures. À ébullition pas plus d'une minute. D'ailleurs, une crème pâtissière ne devrait pas cuire plus d'une minute. Cependant dans certains cas l'ébullition peut être le choix de prédilection.

L'amidon de riz, mais aussi l'amidon de tapioca offre de nombreuses avenues dans lesquelles l'industrie est en train de s'engouffrer pour se passer des nombreux additifs utilisés. L'amidon de riz à l'avantage d'imiter la matière grasse et pouvoir être utilisé dans les produits pour nourrissons.

L'amidon de riz natif et l'amidon de riz glutineux peuvent se combiner en dose égale pour jouer sur les textures. Il existe actuellement des amidons de riz intermédiaire qui pourrait offrir des textures fortes intéressantes.

Construire sa recette

Pour construire votre recette, il existe des bases que cela soit pour les glaces et les mousses et comme je l'ai mentionné précédemment on peut ajuster la recette d'une glace à la vanille afin qu'elle devienne mousse.

Cependant, je vais vous surprendre et vous proposer une approche empirique que certains contesteront, mais qui pourtant dans un cadre artisanal pourrait donner des résultats tout aussi efficaces. Tous les pourcentages qui suivent sont donnés en fonction du poids total.

1— Les sucres

Une glace ou une mousse ne devrait pas dépasser un pouvoir sucrant de 14,5% — 15% équivalent du saccharose. Je fais allusion au pouvoir sucrant, car le glucose à bas DE ainsi que d'autres sucres donnent un goût moins sucré.

Dans une glace, il faut un minimum de sucre capable d'abaisser le point de congélation. J'ai pour préférence du glucose DE 95 ou dextrose (100% glucose). La proportion varie en fonction du produit, mais la moyenne se situe entre 4% et 6%

Glace de base à la fécule de riz

600 g lait entier 3.5%

167 g crème à 35%

 44 g poudre de lait

 89 g saccharose

 30 g glucose atomisé DE 36-39

 50 g Dextrose

 20 g Amidon de Riz Glutineux Sosa

Il faudra sans doute ajuster la quantité de fécule en fonction de la texture qui vous convient. Dans ce cas, il faudra refaire le calcul.

Pouvoir sucrant 14.4 EST 36% ESDL 10% MG Butyrique 8%

Cuisson 85°C ou 90°C

Glace au Chocolat moins sucré, plus chocolaté.

636 g lait entier 3.5%

 79 g crème à 35%

 53 g saccharose

 20 g glucose atomisé DE 36-39

 50 g Dextrose

 18 g Amidon de Riz Glutineux Sosa

143 g Chocolat Guanaja 70%

Il faudra sans doute ajuster la quantité de fécule en fonction de la texture qui vous convient. Dans ce cas, il faudra refaire le calcul. Pouvoir sucrant 14.4 EST 39% ESDL 5.5% MG Butyrique 5% 4% de cacao sec.

Cuisson 85°C ou 90°C.

Crème pâtissière

500 g de lait + 48g d'eau

 30 g de fécule de riz native.

 80 g de sucre (max120g)

 80 g de jaunes d'oeufs (max 120g)

Pas plus de 1min après ébullition.

En prenant les valeurs maximales de sucres et de jaunes, vous aurez une crème pâtissière plus riche en saveur et plus parfumée..

Mousse sans gélatine

500g de lait + 48g d'eau

12 g Amidon de riz glutineux.

7.5 g à 8 g iota

120 g à 180g de sucre au goût

 80 g de jaunes d'oeufs

450 g de crème fouettée.

La quantité d'Amidon et de Iota dépendra de la texture recherchée et du type de Iota que vous aurez. Le Iota peut être remplacé par de la pectine LM, LMA (325NH95) ou pectine qui agit avec le calcium. La dose devra être ajustée autour de 10-12g selon la pectine.

Une fois la crème cuite, la mettre au froid et attendre qu'elle soit prise. La fouettée à la sortie du réfrigérateur au fouet ou au pied. mélangeur et ajouter la crème fouettée.

Dans une glace ou dans une mousse, il faut avoir du glucose à bas DE, soit du glucose DE 42, DE 35, soit dans les glaces les moins grasses DE 28. Le pourcentage peut se situer entre 3% et 4%.

Dans une glace ou dans une mousse, la présence de jaunes d'œufs peut offrir des avantages en apportant de la texture et du goût et en favorisant la structure particulièrement dans les mousses. L'utilisation de poudre de blancs d'œufs pourrait être intéressante dans des sorbets conjugués à l'amidon de riz glutineux. À eux deux, il pourrait permettre la diminution du sucre et favoriserait le foisonnement.

Dans une glace ayant un minimum de 5% de matière grasse, il ne serait pas nécessaire d'ajouter de la poudre de lait, et ce, à condition qu'il y ait suffisamment d'extrait sec total soit un minimum de 36%. Les fécules de riz et la farine de riz, fine granulométrie, type sucre glace, peuvent apporter l'extrait sec nécessaire. Il faut entre 1,5 à 2,5% d'amidon glutineux pour remplacer les stabilisateurs (avec Sosa autour de 1,8 % à 2% à vous de vous ajuster). Et 4% de farine de riz, fine granulométrie, type sucre glace, pour remplacer la poudre de lait. Dans les mousses et les crèmes, la quantité d'amidon de riz glutineux peut varier de 2% à 3% en fonction de la texture recherchée (l'amidon de riz glutineux ne gélifie pas). Dans une certaine mesure cela peut remplacer la crème ou les œufs. Pour l'amidon de riz natif, il faut compter environ 4%. L'utilisation de farine de riz dans les crèmes est moins à propos, mais elle pourrait servir à liaison. Là encore, il est important de minimiser la quantité. Tout dépend de la farine de riz utilisée.

Dans les glaces au chocolat ou aux fruits secs (praliné), il est préférable de ne pas ajouter de la poudre de lait et de se contenter d'un minimum de 5% à 6% de matière grasse pour nous permettre d'avoir des produits plus riches en chocolat ou en fruits secs.

Conclusion

Dans les crèmes, les mousses ou les glaces, l'important est de respecter la balance des ingrédients pour favoriser les textures et d'assurer dans le cas des glaces et des mousses d'avoir un foisonnement adéquat.

Conclusion

Ce livre est la conclusion de la pâtisserie du XXIe siècle, il permet d'en déduire que les pâtisseries répondent à des règles qui, si elles sont comprises, permettent d'obtenir les résultats recherchés. La matrice des produits de pâtisserie pourrait se résumer ainsi :

L'eau présente dans les produits de pâtisserie doit être en quantité suffisante afin de permettre à la matière sèche (hors matière grasse) d'y prendre place, et à la matière grasse de se disperser.

Si l'eau est insuffisante, la matière grasse va vouloir se séparer.

Lorsqu'il n'y a pas assez d'eau pour la dispersion de la matière grasse, mais que l'on ne veut pas en ajouter davantage, il faut au préalable dissoudre le sucre dans l'eau, ce qui permet à la matière sèche de ne pas adhérer à l'eau et favoriser la dispersion de la matière grasse.

La granulométrie du sucre, et la quantité du sucre dissous en fonction de la température font en sorte que l'eau s'accrochera plus ou moins à la matière sèche ce qui favorise une plus ou moins grande dispersion de la matière grasse.

Le sucre dissous dans l'eau favorisera le moelleux.

Le beurre mélangé aux matières sèches favorisera le goût du beurre et la texture fondante.

La matière grasse dispersée dans l'eau dans laquelle la matière sèche est dispersée apportera plus de structure.

Les interactions entre les éléments paraissent complexes, mais une fois bien comprises, elles vous offrent les portes d'un nouvel univers celui de la composition de vos propres recettes et la création de vos propres techniques de fabrication.